Diogenes Taschenbuch 24608

FRIEDRICH DÜRRENMATT wurde 1921 in Konolfingen bei Bern als Sohn eines Pfarrers geboren. Er studierte Philosophie in Bern und Zürich und lebte als Dramatiker, Erzähler, Essayist, Zeichner und Maler in Neuchâtel. Bekannt wurde er mit seinen Kriminalromanen und Erzählungen *Der Richter und sein Henker*, *Der Verdacht*, *Die Panne* und *Das Versprechen*, weltberühmt mit den Komödien *Der Besuch der alten Dame* und *Die Physiker*. Den Abschluss seines umfassenden Werks schuf er mit den *Stoffen*, worin er Autobiographisches mit Essayistischem verband. Friedrich Dürrenmatt starb 1990 in Neuchâtel.

Friedrich Dürrenmatt

Das Mögliche ist ungeheuer

Ausgewählte Gedichte

Mit einem Nachwort von Peter Rüedi

Diogenes

Herausgegeben von
Daniel Keel und Anna von Planta
Die Erstausgabe erschien 1993 im Diogenes Verlag

Das Nachwort wurde von
Peter Rüedi eigens für diese Ausgabe geschrieben
Covermotiv:
Friedrich Dürrenmatt, ›Trauriges Tier‹ (Collage),
1976 (Ausschnitt)

Veröffentlicht als Diogenes Taschenbuch, 2021

info@diogenes.ch · www.diogenes.ch
In Fragen zur Produktsicherheit (GPSR):
truepages UG (haftungsbeschränkt)
Westermühlstraße 29, 80469 München
info@truepages.de
ASR / 23 / 852 / 2
ISBN 978 3 257 24608 7

Das Mögliche ist ungeheuer

Gott und Péguy

Wer ist dieser Mensch, sagt Gott, dieser Péguy
der mich da zu einem französischen
Nationalisten machen will?
Was gibt er vor meine Gedanken zu kennen?
Ist er jemals mein Sekretär gewesen
Dem ich meine Briefe diktierte?

Zwar hat er schöne Verse geschrieben, Gedichte
die bisweilen sogar ich gern lese.
Und er ist tot, ich habe ihn zu mir genommen.
Aber diese Zeilen da
Habe ich verworfen. Sie vermodern
wie sein Leib.
Er soll sie mir nicht in den Mund legen.

Denn ich habe es nicht mehr gern, wenn man
auf die Völker zu reden kommt.
Sie haben mir alle im Verlaufe der Zeit zuviel
Blut vergossen
Das ihre Hände rot färbt. Ich will nichts mehr
von ihnen wissen.

Als ob es nicht genügt, wenn ich jeden Menschen
einzeln begutachte
Ihn hin und her wende, ob nicht doch noch irgend
etwas an diesem verpfuschten Ding
zu gebrauchen sei.

Ohne Blick auf die Etikette, die irgendein
verdrehter Staat quer über seinen Bauch
geklebt hat
Auf der Franzose steht, geboren neunzehnhundert-
zehn als Sohn eines Dramenschreibers und
einer Hebamme
Auch Deutscher aus Dresden, Hinterindier
Amerikaner oder Ukrainer
Etiketten, wie wenn es sich um mehr oder weniger
billige Weinsorten handelte.

Meint man denn, ich sei ein Restaurateur, der hin
und wieder
Im Keller die Völker besichtigt wie eingemachte
Konfitüren
Einen Topf nach dem andern, und die Quitten
den Stachelbeeren vorzieht?
Als wenn es nicht allein auf jeden Einzelnen
ankäme
Und wenn sein Urahne Kathedralen erfand
um so schlimmer für den Nachkommen
Wenn er keine mehr findet.

Überhaupt lasse man mich ein wenig mit diesem
Frankreich in Ruhe
Mit diesem Deutschland und England, mit all
diesem ewigen Europa.
Ich bin langsam nicht mehr gut darauf zu sprechen
langsam wird es mir langweilig.

Langsam werden mir die Menschenfresser fast lieber
die da irgendwo im Urwald
Im Streit um ein Kamel mit zwei Höckern oder
um einen halbvermoderten Elephantenzahn
Den unnachgiebigen Angehörigen eines fremden
Stammes kurzerhand gar kochen.
Sie beten wenigstens nicht mich an, wie es diese
Europäer vorgeben
Sondern einen Götzen mit sieben Armen und fünf
Beinen
Ein Monstrum, bei dem man nicht weiß, was vorne
ist oder hinten.
Da kann ich doch wenigstens mit gutem Gewissen
diesen armen Schluckern vergeben.

Während diese Franzosen und Schweizer katholische
Aktion betreiben oder reformierte theologische
Zeitschriften herausgeben
Aber nicht den Glauben haben, den ich nun endlich
einmal bei ihnen sehen möchte
Den Glauben, der Berge versetzt.

Ist irgendwo schon ein schlimmeres Durcheinander
gesehen worden als in diesem Europa?
Solch ein heilloses Kreuz und Quer von Dummheit
und Brutalität, solch ein Wust an unklarem Denken?
Zuerst haben die Spanier gemordet, dann fingen die
Franzosen an
Jedes Volk immer tüchtiger und lustiger als das
andere, mit immer besseren Guillotinen.
Dann die Engländer. Schließlich die Deutschen
und Italiener

Und jetzt, als man schon glaubte, es sei wirklich
einfach nichts mehr anderes möglich als der
Friede
Scheint man sich im Osten zu neuen Blutbädern
vorzubereiten.
Ist es ein Wunder, daß mir alle diese europäischen
Völker gleichermaßen verdächtig vorkommen?

Nein, ich habe keinen dieser Morde vergessen
nicht den geringsten und nebensächlichsten
Und keinen General, der sie anordnete, eine
Henry Clay dabei in Brand steckend
Denn ich bin nicht der Gott Frankreichs oder
Deutschlands oder der Sowjetunion
Ich bin ganz und gar nicht ihr Gott, ich bin
nicht der Gott der Sieger – und der Staat
ist immer ein Sieger
Ich bin der Gott derer, die erschlagen am Boden
liegen.

Darum will ich auch nichts mehr von ihren Kreuz-
zügen hören und ihren besten Soldaten
In wessen Namen sie auch kämpfen. Es klingt mir
zu sehr nach Bartholomäusnacht und der
Inquisition.
Charles Péguy schweige davon. Sie stinken mir
zum Himmel.

Was jedoch in diesem jämmerlichen Europa blieb
in dieser ausgebluteten Halbinsel
Die ich zwischen zwei Meere gepreßt habe
unter dessen Himmel

Immer noch die Völker weiter herumhantieren
im wackeren Glauben
Ich drücke auf immer und ewig die Augen zu
sind die Tränen
Und die Gebete, die hin und wieder zwischen
den Ruinen zu mir hinaufsteigen:
Sie weinen sie alle und in jedem Land beten
bisweilen einige
Denn die Not ist oft groß. Es ist eine
Blasphemie, zu sagen
Nur eines der Völker weine ehrbar und
nur eines
Spreche ehrbare Gebete.

Zum Teufel mit den falschen Meinungen
die über mich verbreitet werden.

An Europa

Du ziehst mit leeren Händen
  nach immer purpurenern Horizonten.
  Im Widerschein deiner Feuersbrünste
glüht dir die Stirne noch einmal.

Immer gieriger verschluckt dich die Dämmerung
  die deinem verfehlten Tage folgt.
  Das Gras, das hinter dir aufsteht
tilgt deine Spur.

Nutzlos ist, was Du tust. Deine Pläne
  ein Geschwätz,
  die Stufen zu verkürzen,
die hinab in dein Grab führen, plapperndes Gerippe.

Tor um Tor erschließt dir schweigend die Nacht.
  Ungehört verhallt deine Klage.

Europa!

Wie hast du die Gnade verspielt, die dir schien,
  Wie hast du deinen Mittag vertan!

Die Sonne erhebt sich nun einem anderen Geschlecht,
  das nicht dein Kind ist,
tote Mutter.

Wenn ich durch die Städte Deutschlands gehe

Wenn ich durch die Städte Deutschlands
gehe,
bei jedem vierten Schritt mich verirrend

Durch diese schwarzen und grauen Einöden,
die man
wie riesige Kloakenansammlungen verbrennen
mußte

Eingeklemmt in die eintönige Masse ihrer
Bewohner,
ihre Sprache hörend, wissend, daß sie uns
als Provinzler verachten

Obgleich sie es sind, die in Wahrheit hinter
dem Mond leben,
die Primusse der Menschheit in jeder nur denk-
baren Lage

Einst Weltmeister im Dichten und Denken. Schinder
nicht aus Wildheit
sondern aus Anmaßung, stolz noch auf ihre
Leiden

Kehre ich erleichtert in mein Land zurück

Und den ganzen Plunder, mit dem ich hier umstellt bin
nehme ich wieder auf meine Schultern. Erhobenen Hauptes
beginne ich wieder mit Windmühlen zu kämpfen.

Ein ewiger Don Quijote liebe ich mein Land indem ich es züchtige
bejahe ich die Welt, indem ich sie verneine

Ein besseres Deutsch redend als die Deutschen.

Schweizerpsalm I

Da liegst Du nun, ein Land, lächerlich, mit
zwei, drei Schritten zu durchmessen,
mitten in diesem unglückseligen Kontinent,

genagelt an sein faules Holz, beleckt von der
Flamme seiner Taten.

Die Erde, die Dich trägt, versteint, Hügel auf
Hügel getürmt,
zu einer Landschaft des Monds,
sich an der Ewigkeit brechend, deren Küste
du bist.

O Schweiz! Don Quijote der Völker! Warum muß
ich dich lieben!

Wie oft, in der Verzweiflung, ballte ich bleich
die Faust gegen Dich
entstelltes Antlitz!

Wie ein Maulwurf hütest Du deine Schätze. Es
vermodert, was Du liebst,
und nur, was Du gering achtest, bleibt.

Ich liebe Dich anders, als Du geliebt sein
willst.

Ich bewundere Dich nicht. Ich lasse nicht ab
von Dir,
ein Wolf, der sich in Dich verbiß.

Deine Sattheit mit Füßen stampfend, höhne ich
Dich, wo Du schlecht bist. Deine Ahnen
lassen mich kalt, ich gähne, wenn ich von ihnen
höre.

Nicht das liebe ich, was Du bist, nicht das,
was Du warst,
Aber Deine Möglichkeit liebe ich, die Gnade,
die immer hell über dir schwebt,
Das Abenteuer, heute Dir anzugehören, die
Kühnheit,
jetzt, gerade jetzt, keine Furcht zu haben,
den heiligen Wahnsinn, Dich zu bejahen!

Denn mein Land bist Du nur, wenn Du ein Wunder
bist,
ein Mann, der nicht einsinkt, wenn er über das
Meer schreitet.
So dürste ich nach Deinem Glauben, mein Land.

Schweizerpsalm II

Was zum Teufel soll ich mit diesem Land anfangen?

Es breitet sich, zwei Schritte in die
 Länge und drei in die Breite
wie der Garten eines Fabrikanten zu meinen
 Füßen aus,
der in undurchsichtigen Geschäften
 verreist ist.

Vielleicht wird er in zwanzig oder fünfzig
 Jahren bankerott machen,
jammernde Familien zurücklassend und Historiker,
 die bestürzt nach Ursachen
forschen.

In den Vereinigten Staaten von Nordamerika
 kann man eine ganze Woche im Schnellzug sitzen,
bis man, um einen verwitterten Ausläufer
 der Rocky Mountains biegend,
den großen Ozean sieht.

In Rußland ist die Transsibirische Eisenbahn
ein so unermeßliches Unternehmen, daß
 ganze Züge
überhaupt nicht angekommen sind, Jahre
 lang durch die Wüste Gobi
schnaubend.

Der Himmel ist wirklich sonst überall unendlich
und die Erde
breitet sich überall ohne Grenzen aus.
Ins Meer tauchend erhebt sie sich wieder
anderswo zu neuen Kontinenten.
Reisende haben mir das versichert.

Wenn man jedoch in diesem Land Eisenbahnzug
fährt,
ist man in vier fünf Stunden von einer
Grenze zur andern gekommen
und stochert sich im Speisewagen beim
Anblick des Bodensees
die letzten Reste des Menüs aus den
Zähnen,
das man in Genf begonnen hat.

Und dabei hätte man die Distanzen so furcht-
bar nötig.

Oft, wenn ich zornig bin und ohne Hoffnung
bin, sage ich:
Dieses Land ist ein Scheißland.

Es liegt vor mir sozusagen in den vier Rahmen
meiner Fenster.
Ein Teller mit fetter Speise aus einem
Hause, das einst gute
Zeiten sah, und heute noch bessere.

Vorgesetzt einem Hund, gespendet von einer
alten Dame,
die – davon spricht sie immer – achthundertfünfzig
Jahre ununterbrochen anständig
gelebt hat. Sie sei barmherzig und tierliebend
sagt die Nachbarschaft.

Dennoch mag ich aus diesem Teller nicht fressen.
Aber ich muß,
Auch ein Hund will leben. Die Zeit ist jetzt
schlimm.
Nur merken es noch wenige. –
Und die Berge liebe ich eigentlich auch nicht.

Wie wenn es irgendwie sinnvoll wäre, die Köpfe
und Gräte
in so hohe Höhen zu stecken, wo es immer schneit,
sogar noch im Hochsommer.

Und dann steht man da in Eis gepanzert, ohne
Leben und gemeingefährlich,
daß am Schluß nicht einmal die Gemsen mehr
an einem herumklettern.
Aber unsere Literaturhistoriker sind schließlich
auch so.

Sehr vieles ist so in diesem Land. Oft weiß
ich,
daß wir alle mit Mann und Maus untergegangen
sind.

Die Mädchen gehen in die Uhrenfabrik. Die Bordelle
und die Jesuiten sind verboten.
Am meisten leben in unserem Lande die Toten.

Schweizerpsalm III

Einst dürstete ich nach deinem Glauben
　Mein Land
Nun dürste ich nach deiner Gerechtigkeit
　Wahrlich
Die Ärsche deiner Staatsanwälte und Richter
　Lasten so schwer auf ihr
Daß ich das Wort Freiheit kaum mehr ertragen kann
　Das du ständig im Maule führst
Deine Glaubhaftigkeit zu beweisen
　An die niemand mehr glaubt
Nur noch deine Bankgeheimnisse sind glaubhaft.

Was ist aus dir geworden, mein Land?

Wenn du morgens für die Neger in Biafra und
　anderswo Geld sammelst
Legst du dich, Bet- und Bettschwester zugleich,
　Abends mit deren Häuptlingen zwischen die Laken
Deine Waffengeschäfte abschließend
　Damit jene, mit denen du schläfst,
Die abknallen, für die du gesammelt hast,
　Und wenn man deine Zuhälter faßt
Wissen sie von nichts.

Von den Steuerhinterziehern aller Länder unterhalten
　Schenkst du General Westmoreland Whisky ein

Mit ihm nächtlich auf die Rettung des Abendlandes
  anstoßend.

Wehe denen, die anders denken als du
  Deine Lehrstühle
Hältst du von jedem Stäubchen Marxismus rein
  Dein Patriotismus ist so steril und keimfrei
Daß auf seinem Boden wirklich nichts mehr wächst
  Jede neue Idee ist für dich eine Seuche
So lebst du in ewiger Furcht vor Schnupfen und Masern
  Dabei hast du Krebs, du willst es nur nicht wissen,
Und die Psychiater kratzen sich verlegen hinter den
  Ohren
  Reden sie von dir, doch du läßt nicht mit dir reden
Wer dir seine Moral predigen will
  Den läßt du deine Moral spüren.

Nichts gegen deine Armee. Dieser wackere Verein
  Verdrosch einst Österreicher, Burgunder
  und Deutsche
Verdrosch die Unterdrückten fremder Unterdrücker
  Doch vor allem verdrosch er sich selber
Bis er von Napoleon gottseidank so gründlich verdro-
  schen wurde
  Daß er seitdem friedlich wurde
Unsere Grenzen mit seinen Waffen beschützend
  Wie er sich einbildet
Denn in Wahrheit wurden wir hauptsächlich
  Durch unsere Geschäfte beschützt.

Nichts gegen diesen Verein. Man tritt
  Ihm unfreiwillig bei, steht in den Statuten

Doch, wenn er sich an jenen vergreift
  Die diese nicht mehr unbedingt notwendig finden
Greife ich ihn an
  Im Namen der Freiheit
Die er zu verteidigen vorgibt.
Er ist nicht die Stütze meines Landes.
Die Stütze meines Landes sind die, welche denken
  Nicht jene, die mitmarschieren.

Armer Villard
  Das Töten verurteilend
Wirst du von einem Lande verurteilt
  Das aus dem Töten Profit zieht.
Deine Lauterkeit sei unser Vorbild.
Deine Tapferkeit werde die unsrige.
Die Tapferkeit, in einem Lande zu leben
  In welchem es langsam genierlich wird
Einem Bundesrat die Hand zu reichen.
Noch sind Wenige, die denken, doch die Mehrheit
  Stampft sie in den Untergrund
Stempelt sie zu Kanalisationsschweizern. So
  Untergraben sie denn als Maulwürfe
Den Boden, der dich trägt, mein Land
  Verändernd mit der Zeit
Was du unveränderlich hältst
  Einen besudelten Schweizerpaß in der Tasche.

Wer die Erde wohnbar machen will

Wer die Erde wohnbar
  machen will
Und freundlicher

Den lacht man aus

Jagt ihn fort
  in stinkende Sümpfe

Dann vergißt man ihn

Doch sein Werk ist nicht
  verloren

Den fernen Nachfahren
  bringen es
Leichtfertige Komödianten
  wieder zurück.

Wie Helden von Shakespeare

Gedichte und Songs aus der Oper einer Privatbank ›Frank der Fünfte‹

Wie Helden von Shakespeare

Leider habt ihr stets vernommen
Daß die Welt nicht nach dem Wunsch der
  Frommen
Daß die Reichen reich und die Armen arm
Und Gott erbarm
In Bälde sich unserer Kälte.

Doch nun laßt den romantischen Quark
Der Mensch ist nicht frei, er lebt im Geschäft
Von Wölfen umstellt, von Hunden umkläfft
Im Kollektiv gefangen
Vom Nächsten beschattet, den er selber bewacht

Mit allen gehangen
Wird er über Nacht
Um seine Menschlichkeit gebracht.

Seid daher stark
Seht teils als Tragödie, teils als Schwank
Die Komödie einer Privatbank
Die Geschichte des Fünften Frank
Personen: Die ganze Bande

Vom Stift bis zum Prokurist
Ja, selbst den Direktor und dessen Frau
Seht ihr leiden in dieser Schau
Sowie einige Kunden, doch die nur am Rande.

Der Grund?
Kommt man euch mit Bettlern, heult jeder Hund
Nur vor unsresgleichen seid ihr objektiv
Mitleid verzerrt und Tränendunst
Armut macht schief
Erst von einer Million aufwärts gibt es klassische
Kunst.

Erfahre denn, o Christenheit
Was wir hoffen und lieben
Vernimm, wie wir morden, schau, wie wir schieben
Und zieh den Hut ab, wenn wir fallen
Ehre sei uns allen.

Nicht nur Könige haben's arg getrieben
Nicht nur Minister, nicht nur Generale
Wateten durch Blut, stanken Skandale
Ich bin der Personalchef, ich muß es ja wissen

Es saust mit uns die Welt des Schwindelns und der
Wucherzinsen
Unaufhaltsam in die Binsen
Wir sind die letzten Schurken weit und breit
Nach uns nur böse, öde Ehrlichkeit.

Drum
O Publikum

Freu dich noch ob uns auf Erden
Was jetzt nur schändlich ist, wird unerträglich
werden.

Wag dich selbst zu sehn in unserem Handeln
Die wir wie du hienieden wandeln
Verstrickt in Börsenstrategie
Angepöbelt wie noch nie
Von jedem sozialen Wicht
Stehn wir fürchterlich vor dir
Henker zwar, doch Götter schier
Minder groß und blutig nicht
Als die Helden von Shakespeare.

Wir sausen zu den Ahnen

O Mensch, der du gekrochen
Nach Monden und nach Wochen
Aus deiner Mutter Bauch
Was suchst du, Narr, hienieden
Gerechtigkeit und Frieden
Verlache all dein Planen
Du sausest zu den Ahnen
Und deine Kinder sausen auch.

Den wir hier fromm versenken
Der lenkte unser Denken
Als Präsident und Boss
Geehrt von allen Banken
Stand er, wenn andre sanken
Dann ging's ihm wie uns allen

Er fiel, der nie gefallen
Der Mensch ist klein, der Tod ist groß.

Was wir schieben und erraffen

So sinken Dynastien,
Verstummen, die da schrien
So narrte sie das Licht.
O Fünfter Frank, wie mächtig
War dein Geschlecht, wie prächtig
Du letzter all der Großen
Bis nun ins Grab gestoßen
Und eine Rückkehr gibt es nicht.

Halunken mit Stil sind rar

Die Zeit, die war einst ideal
Voll Dieb' und Schieber überall
Den Kreuger gab's, den Zar
Und mächtig war, was böse war.
Doch nun verwesen
Die einst gewesen
Und Halunken mit Stil
Und Halunken mit Stil sind rar.

Was ich auch tu, es ist verquer
Das Böse schafft sich riesenschwer
Und kleiner wird die Schar
Der treuen Schurken Jahr für Jahr.
Ach, mitgegangen

Ist mitgehangen
Und Halunken mit Stil
Und Halunken mit Stil sind rar.

Was ich auch späh, was ich auch such
Ich find ihn nicht, es ist ein Fluch
Den Nachwuchs ganz und gar
Ein halber Schelm im Vierteljahr
Ist als Ergebnis
Rein ein Begräbnis
Denn Halunken mit Stil
Denn Halunken mit Stil sind rar.

Ihr Fleisch und Blut

Frank der Erste, Ahn, entstiegen bleich
Aus der Armut namenlosem Reich
Siehst entstellt mich, qualvoll alt und weich
Dir entstammt, doch dir in nichts mehr gleich.

Wurdest reich im Sklavenhandel
Deine Flotte stach in See
Blutrot war dein Lebenswandel
Deine Huren weiß wie Schnee.
Hast die Kunden wund geschunden
Nimmer wandte sich dein Glück
Ach, die Zeit ist nun verschwunden
Kehrt, o kehrt nicht mehr zurück.

Hättest, Frank der Zweite, du die Bank
Deines besten Freundes, als er krank

Ausgeplündert, ahntest du, daß dank
Meiner Schulden ich in Armut sank?

Selbst den Papst hast du bestochen
Und der Adel kam zu dir
Oder von dir in die Wochen
Kriege dienten deiner Gier.
Über Leichen gingst gelassen
Völker darbten für dein Glück
Deine Zeit hat mich verlassen
Kehrt, o kehrt nicht mehr zurück.

Frank der Dritte, als Genie allein
Gründer vom Hongkonger Bankverein
Warst als Chinaboss so hart wie Stein
Gingst als Held in die Geschichte ein.

Rauschgift war dein Haupteinkommen
Weltenweit dein böser Trust
Milliarden eingenommen
Hast du mit dem Preis der Lust.
Saß noch selbst auf deinen Knien
Sangest du von deinem Glück
Ach, die Zeit muß weiterfliehen
Kehrt, o kehrt nicht mehr zurück.

Schaust du, Frank der Vierte, nieder jetzt
Siehst du deinen Sohn von Reu zerfetzt
Menschlichkeit hat ihn so schwer verletzt
Daß nun Trän auf Trän die Wange netzt.

Stürztest Dupont im November
Kamst in Essen an die Macht
Schobst in Erdöl im Dezember
Und im Jänner schon mit Schacht.
Was du triebst, das triebst du munter
Wer sich wehrte, brach in Stück
Ach, auch deine Zeit ging unter
Kehrt, o kehrt nicht mehr zurück.

Wie die Lage steht, in der wir liegen

Wie die Lage steht, in der wir liegen
Oh, ich kenn sie, immer ist sie schief
Was wir auch brechen oder was wir biegen
Es läuft stets so, wie's lief
Im Geschäft sinkt man halt tief.

Was ich geleistet, mußte so geschehen
Es war nicht gut
Doch den Kindern soll es besser gehen
Doch den Kindern soll es besser gehen
Denn sie sind mein Fleisch und Blut.

Was ich Böses tat auf dieser Erden
Das geschah nur, weil mein Schoß gebar
Denn alle Kinder wollen glücklich werden
Doch diesmal wird es wahr
Und es wird, was niemals war.

Was ich geleistet, wird vergessen werden
Es war nicht gut

Doch den Kindern soll es besser gehen
Doch den Kindern soll es besser gehen
Denn sie sind mein Fleisch und Blut.

Die Abdankung

Und dann, ihr lieben Leut
Ist's wieder Henkerszeit.
Für alle, die wie wir in Machtsystemen nisten
Und sich mit Mörderlogik selber überlisten
Sei's hier, sei's dort, sei's anderswo
Setzt Namen, Daten, Länder nach Belieben ein
Es stimmt ja leider sowieso.
Ihr werdet alle schrein wie wir das bange Lied
All derer, die da mächtig, satt und müd:

Die Freiheit ist schön, ach, das wissen wir alle
Doch willst du sie greifen, vergeht sie im Nu
Denn wer am Speck sitzt, sitzt in der Falle
Und willst du hinaus, klappt die Falle zu.

Ich habe ausgezeichnet gegessen

»Freß-Arie« des Johann Bockelson von Leyden aus dem Drama ›Es steht geschrieben‹

Ich habe ausgezeichnet gegessen.
Zwar war es ein bescheidenes Mahl, wie es angemessen
ist in schwerer Zeit,
doch wurde ich satt mit Gottes Hilfe, und ein wohliges
Gefühl breitet sich über meine Glieder.
Ich denke mit innerstem Behagen an die Muränensuppe
zurück,
mit den Einsiedlerkrebsen und frischen Meerschnek-
ken, die mir zu Beginn serviert wurde.
Siehe, es war köstlich!
Auch liegt mir noch der Riesenhecht zärtlich im Sinn,
wie eine ferne Geliebte, in rotem Landwein gekocht
und mit Forelle gefüllt, Röteln, Blaufelchen und sauren
Oliven, Essigreizkern, Perlzwiebeln und Gurken.
Dies alles schmeichelte meinem Magen wie eine
Frauenhand.
Wie brünstig war ich nach Froschschenkeln, Walliser
Blindschleichen und Burgunderschnecken mit leicht-
gekochten Schwalbeneiern,
die meiner königlichen Majestät auf silbernem Teller
gereicht worden waren.
Gepriesen sei die Güte des Herrn, der solche Wunder-
werke dem dunklen Schoß der Natur entlockt!

Er ließ die köstlichen Reben wachsen, deren Wein ich genoß. Gepriesen seien Nacktarsch und Liebfrauenmilch.
Gepriesen sei auch der Schweinebauch in Gelee und Kaviar, Austern mit Champagner, am Spieß gebratenes Osterlamm, gefüllt mit kleinen Straßburgerwürstchen, gebackenen Lerchen und dem Bries vorzeitig geborener Kälber, samt dem schweren Burgunderwein,
der herrliche Fasan, von Krammetsvögeln umgeben, Rapunzel und Rosenkohl, der göttliche Pommard, die Biersuppe mit Leberklößen und das Glas Wasser, welches ich dazu getrunken,
die Schokoladencreme, die niedersächsische Blutwurst, der Kartoffelsalat und die weißen Bohnen mit Speck, der saure Most und die Pastete von Champignons, Trüffeln, Morcheln, Kaiserpilz, der Reis, die Madeirasauce mit Kapern, der Zizerser in kostbarem Kristall!
Gesegnet und gebenedeit sei, was ich eben genossen!
O Russischer Salat mit Thunfisch!
O Steinhäger, o Sauerkraut!
O junger Kopfsalat mit gekochten Zwiebeln!
O Glas Stutenmilch mit Schwarzbrot!
Soll ich euer nicht gedenken, wie man zärtlicher Stunden gedenkt?
Soll ich den Chambertin mißachten und den Gemsrükken, den gespickten Hasen, die Rehkeule?
Liebte mein Gaumen sie nicht?
Du Bärentatze, köstlich gewurmt, ihr grünen Bohnen mit Wodka, ihr sauren Zwetschgen mit Spargelspitzen, du Haferbrei mit Lindenblütentee, du Emmentaler, o

Lambrusco und rote Kirschen in Rum, ich preise euch!
Ihr tatet mir wohl, ihr tatet einem König wohl, ich preise euch!
Ihr syrischen Heuschrecken mit wildem sibirischem Honig, euch gilt mein Gruß, mein begeisterter Gruß!
Ich genoß euer Johannes zu Ehren, meinem erlauchten Vorgänger Johannes dem Täufer zu Ehren!
Liegt mir nicht der Geschmack der Erdbeeren wie Frauenkuß auf den Lippen?
Rot waren sie und reif, in Quittenmark mit Schlagsahne, Kirsch dazu, Marc und Pflümliwasser. O Tränen der Freude!
Laßt mich weinen im Andenken der Coupe Christiane mit Cherry-Brandy!
Laßt mich weinen, es sind königliche Tränen, welche auf diesen Teppich aus Belutschistan rollen.
Nun aber,
gnädig gestimmt durch solche Mahlzeit,
da ich auch einige Maß Bier zum Nachtisch geleert,
deren letztes ich eben beende,
will ich mich daran machen, meine Weiber zu empfangen, denn ich liebe es, allein zu speisen,
höchstens, daß ich Stallknechte holen lasse, die mich, von der Ecke des Saales aus, mit ihren Witzen unterhalten.

O Welt der Männer und der Morde

Chor der Unsterblichen aus der Komödie ›Die Frist‹

O Welt der Männer und der Morde,
Voll Schmach, voll Haß, voll grauser Tat,
Hinunter schlingt jetzt deine Horde
Der Hölle Maul samt deiner Saat.
Was du seit Anbeginn verbrochen,
Endgültig ist es heut vorbei,
Die Frist ist um der letzten Wochen.
Vorbei die große Hurerei,
Die du noch plantest, dich zu retten.
Es rettet dich nun keiner mehr.
Gewaltiger Koloß in Ketten,
Der Himmel über dir wird leer.
Entmannt starrst du in seine Räume.
Hoch über dir ein Geier kreist.
Noch irres Lachen, irre Träume,
Dann spürst du, wie er dich zerreißt.
Noch betest du, glaubst, daß er höre
Das, was du schreist, der graue Gott.
Als ob dein Sterben ihn gar störe.
Du Narr, wer stirbt, ist für ihn tot.
Und mit dir muß auch er jetzt fallen,
Der böse, sture, geile Greis,
Sich Vater prahlend von uns allen,
Verschmiert mit Blut und kalt wie Eis.
Es stürzt hin seine Frevelgröße.

Wir wenden uns ab, ungerührt,
Versiegeln schweigend unsre Schöße,
Weil Zeugung stets zum Tod verführt,
Weil stets wir kreißten, was zu Aas
Sich wandelte nach Mond und Jahren.
Wie schändlich, Weiber, war doch das,
Was uns vom Manne widerfahren.
Wir waren Opfer seiner Gier.
Er ging mit uns um nach Belieben,
Wir waren für ihn nur ein Tier.
Weh uns, daß wir nicht abgetrieben.
Nun schlug die Stunde des Gerichts.
Urenkel starb, und Gott verreckte.
Das Endliche, es wurde Nichts.
Erreicht ist, was da war bezweckte.
Jetzt sinkt zurück ins weiße All,
Was Männer schufen, Männer dachten,
Ein unfruchtbarer Erdenball
Erlöst von Spermen und vom Schlachten,
Unsterblich wie wir selber sind,
Noch ewiger als Sternenwind.
Was nicht mehr ist, war nur Ereignis,
Was nicht mehr wird, allein ein Gleichnis,
Das Weibliche, es hat zum Ziele
Die Ewigkeit und das Sterile.

Midas

I

Ich hätte den bösen Wald nie betreten dürfen

Ich ging ihm entlang

einem großen weißen Gehöft zu

Ohne Ahnung

Manchmal spähte ich in ihn hinein

Ein Dickicht gestürzter Stämme und Äste

Da verlockte mich ein Weg, der in den Wald hineinführte

Einige Schritte und ich erkannte die Falle

Der Weg [verlor] sich

Planlos ging ich weiter

Tiefer in den Wald hinein

In eine tote Kathedrale

Irgendwo und überall zwitscherten unsichtbare
Vögel

ich watete durch das tote Holz, das von der
Decke der Kathedrale gerieselt war

Endlich fand ich einen zweiten Weg

Schnurgerade lief er durch die Säulen
der Stämme

Wie ein Befehl, daß ich ihm folgen müsse

Ich ging ihm nach

Einer Gefahr entgegen

Ich spürte unter meinen Füßen eine neue
Materie

ich trat sie vor mich hin

Tannzapfen

Auf einmal nahm ich sie wahr

Dann erst verwandelte ich mich in Midas

Mich mit dem Wald identifizierend

II

Seine Füße traten wie die meinen die Tannzapfen vor sich hin

Achtlos

Und plötzlich sah er einen Tannzapfen vor sich liegen

Aus Gold

Er starrte ihn an, dann lachte er. Er durchschaute die Täuschung

Die Sonne, herunterbrechend, hatte die Tannzapfen in Gold verwandelt

Es war als ob er über einen dicken goldenen Teppich goldener Tannzapfen gewandelt wäre

Belustigt nahm er einen Tannzapfen auf

Aufgeweicht vom Schnee, der nun nach den ersten Frühlingstagen geschmolzen war, lag er leicht in seiner Hand, schmiegsam und gelb

Da wurde er plötzlich schwer und seine Schuppen fühlbar

Er wurde zu Gold

Erschrocken ließ er ihn fallen

Zu Gold geworden blieb er Gold zu seinen Füßen

Er hob einen zweiten auf

Auch er wurde zu Gold in seiner Hand

Einen dritten Tannzapfen

Wieder geschah die Verwandlung

III

Auf die Tannzapfen starrend während ich weiterschritt

Auf diese blaßbraunen, manchmal blaßgelben Gebilde, weich und manchmal rollend unter meinen Füßen

Wurde mir sein Schicksal deutlich

Alle die endlosen Stunden die ich mir abgequält hatte

ihn zu beschreiben

Dieser endlose Irrgarten der Phantasie
wurde transparent

wurde schreibbar

IV

Ich sah ihn durch den Wald zurückrennen

Dann dem Waldrand entlang

Der Stadt entgegen

Unter einem weißen unentschiedenen Himmel

Glücklich und entsetzt zugleich

glücklich, reich geworden zu sein

Entsetzt, weil er noch nicht ahnte, was
ich schon wußte

und doch fühlte, daß etwas Ungeheures
auf ihn lauerte

Sein Untergang

Den er nicht zu benennen wußte

V

Den Weg verfolgend

durch den bösen Wald

stur, willenlos

fielen die Bilder über mich her

ließ mich Midas nicht mehr los

Ich sah einen Juwelier

Verwundert starrte er auf den
Tannzapfen

Kunstvoll gearbeitet, sagte er

Nach dem Gesetz Leonardo Fibonaccis von
Pisa

Eine Anordnung

die wir auch bei der spiraligen Verteilung
der Blätter um einen wachsenden Stamm

oder bei der Verteilung der Samenkörner in
der Sonnenblume wiederfinden

Reines Gold

aber unzerbrechlich, noch nie

hätte er solches gesehen

Woher er den Tannzapfen habe?

Geerbt, sagte Midas

Der Wert? Der Juwelier lachte

Den müsse er noch berechnen; er solle morgen wieder kommen

VI

In seinem Zimmer warf er sich aufs Bett

Irgendwo in der Vorstadt

Morgen würde er noch einmal in den Wald gehen

Und dann in ein Hotel ziehen

Er war reich

Die Geliebte kam

die Gattin eines reichen Politikers

der eben Präsident der außenpolitischen Kommission geworden war

Er küßte sie

Spürte in seiner Linken ihre warme Brust

Die plötzlich kalt und glatt wurde

Auch die Lippen und Zähne wurden metallen

Selbst die Zunge

Er fuhr zurück

Ein Kopf aus Gold starrte ihm entgegen

Er riß ihr die Kleider vom Leib

Eine Statue aus Gold

Das schwarze Haar golden

Selbst die Schamhaare kunstvoll gearbeitet

Jemand klopfte an die Tür

Er öffnete

Achtlos in seiner rechten Hand ihr zerrissenes Kleid

Auf dem Boden ihr Pelzmantel

Der Präsident der außenpolitischen Kommission stürzte zum Bett

Wo ist meine Frau?

Packte die schwere Statue

Stemmte sie an die Wand

Durchwühlte das Bett, stellte es auf,
nahm es auseinander

Durchwühlte den Schrank, kippte ihn um,
stürzte zum Fenster, vielleicht war sie
auf dem Dach, schaute sich um, starrte
hinab

Raste die Treppe hinunter. Fünf Stockwerke

Wo ist meine Frau?

Suchte den Gehsteig ab

Keuchte wieder herauf

Schob die Statue weg

Schwer fiel sie auf den Boden

Er erkannte nicht seine Frau

Er hielt sie für eine Statue aus Messing

VII

Polizeiwagen mit Blaulichtern auf der regennassen Straße

Feuerwehrmänner, die über Dächer kletterten

Dunkle Schatten vor einem milchigen Nachthimmel

VIII

Nächtliche Verhöre

Wochenlang

Hartes Licht auf ihn gerichtet

Hin und wieder eine Zigarette

Eine Tasse Kaffee

Der Juwelier hatte den goldenen Tannzapfen abgeliefert

Zwei weitere hatte man bei ihm gefunden

Woher hast du die? Von wem gestohlen?

Duzen Sie mich nicht

Woher haben Sie die? Von wem gestohlen?

Geerbt

In einer Nacht schrie der Mann auf. Die Statue glich meiner Frau!

Die Statue wurde untersucht

Reines Gold

IX

Nach Monaten war er frei

Er ging zum Juwelier

Der saß in seinem Kabinett hinter dem Tisch

An der Wand neben dem Juwelier lehnte die goldene Statue

Seine Geliebte

Auf dem Tisch lagen die drei goldenen Tannzapfen

Zwar halte er ihn immer noch für einen Dieb

Sagte der Juwelier

Da sich aber niemand gemeldet habe, sei er bereit, sich mit ihm zu verständigen

Auch über die goldene Statue könne er mit ihm einig werden

Er nannte einen schäbigen Preis

Er nahm die Scheine entgegen

Zufrieden? fragte der Juwelier

Er nickte

Nun können Sie mir sagen, wo Sie das Gold gestohlen haben, grinste der Juwelier

Er betrachtete ihn

Reichen Sie mir die Hand, sagte er

Der Juwelier gab ihm die Hand

Eine goldene Statue saß hinter dem Tisch des Kabinetts

Er nahm die drei Tannzapfen zu sich

X

Er ging bei einer Baustelle an aufgeschichteten Ziegelsteinen vorbei

Wie er einen ergriff, wurde dieser zum Goldbarren

Er legte ihn zu den goldenen Tannzapfen in seine Aktentasche

XI

Hungrig tauchte er den Löffel in die Suppe, führte ihn zum Mund

Gold überzog die Zähne, die Zunge, den Gaumen

Entsetzt erhob er sich, hielt sich die Serviette vor den Mund

Eilte an den Kellnern vorbei

Löste langsam in der Toilette Blatt um
Blatt das Gold aus seinem Munde

Wickelte es in sein Taschentuch

Bestellte Schnecken, Tiere, vor denen
es ihn immer geekelt hatte

Schluckte sie mühsam hinunter

Durch das Fenster den Wagen nachstarrend,
die aufheulend in die Straße einbogen, wo
der Juwelier wohnte

XII

In einem Hotelzimmer wurde ihm sein
Schicksal deutlich

Wie mir sein Schicksal deutlich wurde

Als ich im bösen Wald über die Tannzapfen
schritt

die dicht den Weg bedeckten

Deren Verwandlung war die Ankündigung

die Verwandlung der Geliebten, des Juwe-
liers und der Speise das Gesetz

Was er begehren würde

Aus Liebe oder aus Haß

Würde sich in Gold verwandeln

In totes Metall

Der Reichtum würde seine Armut sein

Die Liebe Mord

Essen Verhungern

Trinken Verdursten

Nur ein Ausweg blieb

Das Abstrakte

Die Macht

XIII

Er ging wie ein Schachspieler vor

Er überlegte jeden Zug

Er baute sein Imperium mathematisch auf

Er benutzte seine Gabe behutsam

Er vermied, den Goldpreis unnötig zu
senken

Doch über sein Unterbewußtsein hatte er
keine Macht

Zwar trug er immer Handschuhe

Seit einige Unachtsamkeiten vorgekommen
waren

Der Kugelschreiber, womit er spielte,
hatte sich in Gold verwandelt, während
er darüber nachdachte, wie er Nestlé
kaufen könnte

Auch das Telefon, als ihm die Nachricht
durchgegeben wurde, daß der Dollarkurs
aufs neue gesunken war

Die Sekretärin, der er unwillkürlich
einen freundschaftlichen Klaps gab, weil
sie sich vertippt hatte

Und der alte Aufsichtsrat, dem er auf die
Schulter klopfte, ihn über den Verlust
seiner Gattin zu trösten

hatten sich in Goldstatuen verwandelt

Nachdem man sie monatelang gesucht hatte

ließ er die beiden in seinem Vorzimmer
auf Sockel stellen

Erklärend

Er wolle ihnen zum Gedenken diese so voll-
kommen ähnlichen Kunstwerke stiften

Die Handschuhe mußte er immer wieder wechseln

Allzuleicht verwandelten sie sich in Gold

XIV

Doch wenn er auch im Abstrakten handelte

Von seinem Hochhaus aus

Sein Imperium war nicht abstrakt

Es wuchs und überwucherte die anderen

Es materialisierte sich

Öltanker

Bohrinseln

Raffinerien

Banken

Plantagen

Computer

Flugzeuge

Baumwolle

Chemiekonzerne

Waffen

Killersatelliten

XV

Nur das Essen war schwierig

Er mußte immer wieder seinen Mund vom Gold
säubern

Wenn auch der Spezialkoch, den er angestellt
hatte

sich Mühe gab, immer ekelhaftere Speisen
zu bereiten

Die er

Um nicht hungrig zu werden

mehrmals im Tage aß

Aber einmal

nachdem er Kutteln gegessen hatte

Vor denen es ihn immer geekelt hatte

Aber die er

vor lauter Hunger plötzlich gierig verschlang

mußte der Chirurg verwundert einen seltsam gestalteten Klumpen Gold aus seinem Magen operieren

XVI

Der böse Wald lichtete sich

Ich trat ins Helle

Nur noch einzelne Stämme ragten in die Höhe

Laubbäume

Der Boden ohne Tannzapfen, aber auch ohne Laub

Gefällte Stämme aufeinandergeschichtet

Andere schon zersägt

Das weiße Gehöft auf dem Feld hatte ich
hinter mir gelassen

Ich setzte mich auf eine Bank am Rande
der Lichtung

Je mehr er sein Imperium ausdehnte, desto
mehr mußte die Zahl seiner Feinde wachsen

Er mußte allen in die Quere kommen

Den Amerikanern

Den Russen

Den Arabern

Den Israeli

Der EWG

Er mußte in Zugzwang geraten

Je länger ein Schachspiel dauert,
desto unerbittlicher wird es

Zu Beginn ist fast jeder Fehler zu verbessern,
gegen das Ende keiner mehr

Die Kausalität ist unerbittlich, die Freiheit illusorisch

Sein Endspiel war nicht zu gewinnen

Er mußte ein Patt anstreben

XVII

Ich ging wieder in den bösen Wald zurück

Ich durchquerte die Lichtung und tauchte in ihn

Den schnurgeraden Pfad wiederfindend, den ich gekommen war

Wieder schritt ich über den weichen Tannzapfenteppich

XVIII

Arbeiter aus allen Ländern

Die er heimlich über die Grenze hatte schaffen lassen

Erbauten ein Labyrinth von unterirdischen Gewölben

Sowie einen riesigen Schmelzofen mit Fließbändern und Greifzangen

die zu ihm führten

Und eine Gießanlage, auch sie automatisch

Als die Anlage gebaut war

gab er den Arbeitern ein Fest

Er lud auch die Architekten und Ingenieure dazu ein

Und als sie alle betrunken waren

Zog er die Handschuhe aus und berührte jeden

Die Greifzangen legten die goldenen Statuen aufs Fließband

Im Schmelzofen wurden sie zu flüssigem Gold

Als Goldbarren kamen sie aus der Gießanlage

Sie wurden automatisch aufgestapelt

XIX

Der Weg im bösen Wald führte nirgendwo hin

Es war, als wäre ich in sein Labyrinth geraten

Nach endlosen Zeiten

die so unermeßlich waren

daß selbst das Gold vermodert war

Sah ich ihn in seinem Gewölbe

Allzu viele hatten ihm nachgestellt

Allzu viele saßen in den Bäumen und lagen hinter den Bäumen des Parks, der sein Haus umgab

Mit Spezialgewehren bewaffnet

Er aber

im innersten Raum seines unterirdischen Labyrinths

kauerte einem Teppich von goldenen Tannzapfen gegenüber

Kunstvoll ineinandergeflochten

Die übrigen Wände mit schwarzem Sammet bezogen

Die Goldbarren verbergend, die sich hinter
ihm stapelten

Auch der Boden war mit schwarzem Sammet
ausgelegt

War er doch ebenfalls golden

Unangreifbar kauerte er inmitten der
Unermeßlichkeit seines Reichtums

Wie dieser steril

Er streifte den rechten Handschuh [ab]

Er hatte nur noch den Wunsch, dem allen ein Ende
zu setzen

Griff sich an den Hals

wurde langsam zu Gold.

Für Willy Birgel

Viele gingen schon,
  Die mir unersetzbar waren,
Viele der Schauspieler.

Früh Seyferth, der Mönch meines
  Ersten Stücks,
Kalser, unendlich überlegen, liebenswürdig und
  unendlich textunsicher,
Graf, Teege, Domin und viele andere.

Die Carlsen, der ich ihre letzte Rolle,
  Ihr eine Freude zu machen,
Da sie noch einmal spielen wollte,
  Der Achtzigjährigen
Zum Mißvergnügen der Kritik in die ›Wiedertäufer‹
  Hineinimprovisierte.

  Ginsberg, mein Freund,
Leonhard Steckel endlich,
  Mein Meteor,
Zerschellt im Schnellzug
  Zwischen München und Zürich.

Nun Willy Birgel.

Er war auf der Bühne,
  Er brauchte kein Spiel,
Er war Matthison, gläubig, überzeugt,
  Daß Gott durch ihn ein Wunder schaffe,
Und er war im gleichen Stück
  Der Kardinal, ein Herr, empört darüber,
Daß man von ihm verlangte,
  Informiert zu sein.

Im ›Urfaust‹ darauf spielte er
  Gleich vier Rollen,
Den Erdgeist, Wagner, den versoffensten
  Der Studenten,
Mit einem Bauch, rund wie die Erdkugel,
  Den bösen Geist als violetten Bischof.

Zuletzt spielte er im ›Mitmacher‹.

Das Publikum pfiff, als wir zusammen
  Auf der Bühne standen.
Hinter dem Vorhang lachte er,
  Tränen in den Augen,
Als ahnte er,
  Daß er seine letzte Rolle gespielt hatte.

Ein abtretender Schauspieler,
  Der einen durchgefallenen
Autor umarmt: Bild des Theaters.

Nie ehrte mich eine Freundschaft mehr,
  Wir sahen uns zuletzt in einer Niederlage,
Nicht die Siege zählen.

Viele gingen schon,
Die mir unersetzbar waren,

Nun auch er.

Niemand sage,
Keiner der Schauspieler sei unersetzlich,
Jeder ist anders,
Mit jedem, der geht,
Geht eine unserer Möglichkeiten dahin.

Ein jeder dieser großen Komödianten ist nur,
weil er unauswechselbar ist,
Keine Welle gleicht der anderen.

Dramaturgischer Rat

Verzapf keinen Tiefsinn
Füge dem Rätsel kein neues bei

Es liegt nicht im Wort
Schaff ein Gebilde

Drei Männer am Tisch
Was sie reden ist unwichtig

Sie wollen richtig handeln
Aber die Würfel sind gefallen

Wer den falschen Zug bestieg
Mag in ihm zurück rennen
Er erreicht doch, wohin er
nicht wollte

An Varlin

In meinem Arbeitszimmer
  Hängt deine Heilsarmee
Zwei Guitarren, eine Trompete, eine Fahne
  Neun Menschen
Gläubiger als ich

Wenn ich aus meinem Atelier trete
  Grinst mir Freund Loetscher entgegen
Er kennt meine grammatikalischen Fehler

Sitze ich im Wohnzimmer
  Meiner Frau zuhörend
Wie sie auf dem Flügel improvisiert
  Räkeln sich hinter ihr in zwei Sesseln
Zwei Menschen an der Wand
  Ein Mann und eine Frau

Esse ich
  Blicke ich auf die Neapolitanerin
Die nicht mit dir schlafen wollte
  Weil du nicht katholisch bist

Und hinter mir
  Leuchtet in Schwarz eine Vespasienne
Durch den Pariser Nebel
  Non olet

Stehe ich mir gegenüber
  Von Dir gemalt
Trinkt mir ein dicker Leib aus Fett und Wasser
  Freundlich zu
Der einmal in einem Krematorium verdampft

Wir sind blind ohne Deine Gesichte
  Wir allein sind dein Gegenstand
Du weichst nicht ins Gegenstandslose

Du formst unsere Taten, rächst unsere Verbrechen
  Indem Du uns zeichnest
Wie Gott Kain

Gedichtband bei einer Mittagszigarre

Gott schuf die Welt ohne zu denken

Soso lala

Er machte sie aus dem Nichts, mit einer Geschwindigkeit ohne Gleichen

Soso lala

Darum (die Sonne steht immer noch hoch) dichte ich in sechzig Sekunden

Soso lala

eine ganze Welt voll. Zwischen zwei Uhr dreizehn und zwei Uhr vierzehn

Soso lala

Man muß es endlich einmal wagen hinüberzuspringen

bei einer Zigarre zu dichten, die dabei nur ein Weniges verrauchen darf zu arbeiten, ohne sich zu korrigieren

die Worte einfach hinzusetzen, wie eine Mutter Kinder
auf die Welt setzt

ohne sie wieder zurückzunehmen.

Das Zögern einer Sekunde verdirbt ein Gedicht.

Auch ist es nicht erlaubt, Worte zu wählen.

So schreibe ich denn, so springe ich denn
an ein anderes Ufer.

Eines Tags (die Sonne stand hoch)

betrachtend die weiße Wäsche, die man hingehängt hatte

und darüber hin die Zweige der Bäume

weiß, grün vor dem blauen Himmel,

Alles vom Winde bewegt, von dem frischen, nördlichen
Winde

überfiel mich die Ahnung einer höheren Leichtigkeit.

O Leichtigkeit des Gedankens, der zum Verbrechen
wird, wenn man Arbeit an ihn wendet!

Wie der Wind die Zweige bewegt, die grünen
die Wäsche, die weiße,

bewegt der Geist das mühsame Durcheinander von
Blut und Fleisch meines Leibes,

mich treibend in seinem Spiel.

Du einziges Spiel, das immer noch erlaubt ist:

Gedichte, die in ein, zwei Minuten getan sind

im Traume eines Tags (die Sonne stand hoch)

Blitze, die irdische Finsternis erleuchten.

Vor uns hintastend, Liebes

Vor uns hintastend, Liebes
Ins immer Dunklere
Fühlen wir in der Kälte unsere Wärme

Versuchen wir hilflos uns Gutes zu tun
Gemeinsam betend
Bevor wir schlafen
Gott zu erreichen

Wie ferne alles.

Blasse Bilder. Doch plötzlich
Überscharf
Die Erinnerung. Deine kühle Hand
In der meinen
Saß ich dir gegenüber.
Sah deinen zuckenden Mund
Wir sagten einander kein Wort
So mächtig war unsere Liebe

Nun ist in unserem Schweigen oft
Traurigkeit
ein Schatten nur der
Freude
Vielleicht verborgen wie Gott

Kronenhalle

1.
Ich bin an wenigen Orten daheim

Im Haus über dem See

Auf der andern Seite des Monds

Auf der Bühne des Schauspielhauses
Umstellt von Kulissen

Und in der Kronenhalle
In Mutter Zumstegs Reich

Die Leberknödelsuppe dampft
Aldo kommt mit dem Wagen angerollt
Und ich denke über einen Auftritt der Giehse nach

2.
An den Nachmittagen zwischen drei und vier
  Am Tisch
Zwischen den Glasscheiben

Wie hinter Silberstaub schläft die Katze
  Auf der Bank in der Ecke
Kein Gast wagt sie zu stören

Vor blauen Tramwagen manchmal
   Bewegen sich die Vorhänge

Geisterhaft auf die gleiche Scheibe gespiegelt
   Erscheint aber auch
Mein Gesicht und die fernere Theke

Schiebt sich
   Der Hintergrund vor den Vordergrund.

Was soll an diesem Nachmittage

Was soll an diesem Nachmittage
So nördlich wolkig eine Frage
Das Leben fließt dir ab. Laß sein
Du gehst auch zu den Mythen ein
Ein ferner Schrei, wo Neger singen
Was du versuchst wird selten dir gelingen
Nur unabsichtlich wächst das Große
Der Zufall mischt, nicht du, die Lose

Vater mein, ein Riese steht im Wald

Vater mein, ein Riese steht im Wald
Ach mein Kind, im Walde ist's nur kalt
Mutter mein, ein Riese winkt im Wald
Ach mein Kind, will's dir nicht rauben
Bist noch jung und darfst nicht glauben
  An den Wald
    worin die Riesen sind

Riese mein, wie rot sind deine Hände
Ach mein Kind, will dich nun rauben
Und dein Leben muß dran glauben
In dem Wald
In dem Wald
In dem Wald
    worin die Riesen sind

Meere

Ich liebe das Haus zu verlassen

In einen Tag zu gehen, der sich
gegen Abend neigt

Durch Meere roten Laubs zu waten

Spielregeln

Im Unerbittlichen
fordere nicht Unerfüllbares
Halte die Spielregeln ein

Richte nicht die Gerichteten
Du bist einer von ihnen
Misch dich nicht ein, du bist
eingemischt

Sei menschlich, nimm Abstand
Jeden trifft ein eigener Pfeil
Du kannst niemanden schützen

Unrechtes geschieht nicht
aber Furchtbares

Was geschieht, bist du
Es geschieht dir recht

Blick durchs Fenster

Erst eine Fläche dunkelgelben Steins
zerrieben zu Sand

Nah, gegenwärtig

Dann ein Band mit Blumen, Büschen,
Sträuchern

Dahinter der See

Ferner Hügel, ferner Berge

Der Himmel endlich

Ein Planet irgendwo

Sterne dann, deren Licht Jahre alt ist

Nur noch Vergangenes

Antares

Sah dich sinken, sah dich steigen
Roter, rätselhafter Stern
Tief im Süden, tief im Westen
Bliebst du unermeßlich fern

Doch in meinen Träumen nächtlich
Heiße Sehnsucht dich beschwor
Weltengroß aus Sternentiefen
Brach dein Riesenbild hervor

Deiner Urwelt Feuernebel
War mit einem Male nah
Milder, größer als die Sonne
Hingest du gewaltig da

Fülltest nie erahnte Räume
Alles war von dir erhellt
Deiner Jugend Morgenröte
Goß sich über diese Welt

Mond

Du sinnlos tote Welt aus Stein
Dein Odem bläst mir Kälte ein

Zerfressen steigst du still empor
Beleckt vom Übermaß des Lichts
Und weist des Weltalls Male vor

Verhüllst die Narben des Gesichts
Nimmst wieder ab und wirst zu nichts

Siriusbegleiter

Von den Dingen, die ich sah
bist du mir besonders nah

Fühle aller Welten Schluß
Was da kommen wird und muß

Ein vollkommner Diamant
Hast du Raum und Zeit verbrannt

Deiner ungeheuren Schwere
Bleibt allein der Weg ins Leere

Dein dir anvertrautes Leben
hast du wieder weggegeben

Erdenkleiner Sternengreis
Heiß wie Feuer, weiß wie Eis

Deine Härte ist der Tod
Unsrer Herzen, der uns droht

Elektronische Hirne

Noch sind sie unsere Knechte
Noch führen sie aus
Was wir ihnen vorschreiben
Dumm, stur, emsig

Aber schon sind die Resultate
Die sie liefern
Nicht mehr zu kontrollieren
Nur durch ihresgleichen

Doch bald
Werden sie weiter rechnen
Ohne uns
Formeln finden,
die nicht mehr zu interpretieren sind

Bis sie endlich Gott erkennen,
ohne ihn zu verstehen
Schuld- und erbarmungslos
Straf- und rostfrei
Gefallene Engel

Ein Psalm Salomos, den Weltraumfahrern zu singen

Aus der Komödie ›Die Physiker‹

Wir hauten ins Weltall ab.
Zu den Wüsten des Monds. Versanken in ihrem Staub.
Lautlos verreckten
Manche schon da. Doch die meisten verkochten
In den Bleidämpfen des Merkurs, lösten sich auf
In den Ölpfützen der Venus, und
Sogar auf dem Mars fraß uns die Sonne,
Donnernd, radioaktiv und gelb.

Jupiter stank
Ein pfeilschnell rotierender Methanbrei,
Hing er so mächtig über uns,
Daß wir Ganymed vollkotzten.

Saturn bedachten wir mit Flüchen.
Was dann weiter kam, nicht der Rede wert:
Uranus, Neptun
Graugrünlich erfroren,
Über Pluto und Transpluto fielen die letzten
Unanständigen Witze.

Hatten wir doch längst die Sonne mit Sirius verwechselt
Sirius mit Kanopus,
Abgetrieben trieben wir in die Tiefen hinauf

Einigen weißen Sternen zu,
Die wir gleichwohl nie erreichten,
Längst schon Mumien in unseren Schiffen
Verkrustet von Unrat:
In den Fratzen kein Erinnern mehr
An die atmende Erde.

Lied

Ich zog durch Wüsten, stieg
  nieder in Wälder
sah Ninive liegen, sah Ur
  die Steppe von Tartar
und den Henker, zum Kuckuck
  beschmiert mit eurem Blut

Ich achtete nicht seiner
Ich wußte, ich würde entkommen
  und ich entkam.

Werde Denker, zum Kuckuck
  bewahre den Mut
Kenne dich selber

Ich zog durch Wüsten wieder, stieg
  nieder in Wälder wieder
sah Ninive aufs neue, doch darnieder
Ur verbrannt, die Steppe von Tartar
  voll Rauch
und den Henker, zum Kuckuck
  beschmiert mit meinem Blut
Denn der Henker kannte mich auch

Ich achtete nicht seiner
Ich wußte, ich würde entkommen
   und ich entkam
nicht ein zweites Mal

Die Makamen des Bettlers Akki

Aus der Komödie ›Ein Engel kommt nach Babylon‹

So hört die Makame meines Lebens: In jungen Jahren, vor viel tausend Jahren, wie ich unerfahren, war ich eines Kaufmanns Sohn. Mein Vater in goldenem Kleide, meine Mutter in Silbergeschmeide, das Haus voll Teppich, Sammet und Seide. Das Silber wird schwarz, das Gold rollt davon, da rollte es schon: In Babylon fraß alles die Firma Enggibi und Sohn. Schon brannte der Vater, die Mutter schon, auf der Scheiterbeige, es kam keiner davon.

Ein Prophet kam, aus dem Bergland Elam, der mich zu sich nahm; und er hielt mich wie einen Sohn. Lag Tag und Nacht vor dem Altar, brachte den Göttern Opfer dar, in Fetzen gehüllt und Asche im Haar. Die Religion wird schwarz, die Gnad' rollt davon, da rollte sie schon: In Babylon wechselte der Priesterthron. Schon brannte der Prophet, die Götter schon, auf der Scheiterbeige, es kam keiner davon.

Der mich nun aufzog, war General, gepanzert in Eisen, bewaffnet mit Stahl, und tat getreu, was der König befahl; nie war geehrter einer Mutter Sohn. Stach den Feind vom Roß, besaß ein Schloß, unermeßlich war sein rasselnder Troß. Die Ehre wird schwarz, das Amt rollt davon, da rollte es schon: In Babylon wechselte der Königsthron.

Schon brannte der General, die Knappen schon, auf der Scheiterbeige, es kam keiner davon.

Wie der Reiche verdarb und der Fromme starb, und auch der Starke den Tod erwarb, sagte sich meiner Mutter Sohn: Der Mensch sei wie Sand, Sand allein hält stand den Tritten der Schächer, der Henker im Land. Die Zeit wird schwarz, die Macht rollt davon, laß rollen sie schon: Von Babylon bleibt nur ein Bettler, bekränzt mit Mohn, und brennt sein Bart, sein Mantel schon, auf der Scheiterbeige, er kommt davon.

So hört die Makame meiner erbettelten Berufe. In der Blütenpracht einer Maiennacht, um Mitternacht, erbettelte ich mit Kunst und Schlich von einem Milliardärstöchterlein seines Papas Milliarde ein. Unverdrossen, war ich entschlossen, in einem Kampf auf Brechen und Biegen, den frechen Dampf des Reichtums zu besiegen. Höre nun, was der Weise tat: Früh bis spat machte ich Schulden, vertrank die Gulden, verstank die Wälder und Schlösser, die Kälber und Rösser, verspielte selber die Kunstgegenstände, die goldenen Spiegel, die Tiegel, die Wände, verpraßte die Schreine, verschaßte die Steine, verjaßte alleine zweitausend Schweine, und so, in unwiderstehlichem Trott, war ich in einem Jahr bankerott, ganz und gar, ohne Sou in der Tasche, ohne Wein in der Flasche, und im gleichen liederlichen Tritt zog ich weitere fünf Milliardäre mit, samt Aktionären und Banken; das Land kam ins Wanken. Dies, mein Henker, tat ich als Denker, um einen bösen Beruf zu erlösen.

Da ich nun in meinem Sarkophag Nacht und Tag denkend lag, warum die Menschheit in Krämpfen liege, warum Gemeinheit im Kämpfen siege, suchte ich mit Geisteskraft und Feuer, meiner Leidenschaft ein neues Abenteuer: Mit Hofieren und Scharmieren, mit Malträtieren und Exerzieren, mit Arschlecken und Rückenverrenken, mit Beinestrecken und patriotischem Denken, mit aristokratischer Braut und bürokratischem Laut, mit Wedeln und Kriechen, erbettelte ich von einem siechen General den Titel. Nun hatte ich Mittel, den Krieg zu bekriegen, und den Sieg zu besiegen. Dies war der Sinn meines militärischen Lebens, die Höllenfahrt war nicht vergebens. Ich erreichte mit kühnen Systemen, dem Krieg die Mühen und Schrekken zu nehmen. Als die Armee, die ich führte, nach Akkad marschierte, dreihunderttausend auf dem Papier, gelang es mir, die Schlacht zu verlieren, ohne einen Toten nach Hause zu führen, ohne Wunden, unzerschunden, ohne Verluste an Menschen und Tieren. Keine Mutter verlor ihren Sohn, dreihunderttausend kamen davon. Dies, mein Henker, des Denkers Spruch: Nie gab's einen billigeren Zusammenbruch!

Die Welt zu bestehen, muß der Schwache sie erkennen, um nicht blind einen Weg zu gehen, der sich verliert, in eine Gefahr zu rennen, die zum Tode führt. Die Mächtigen sind mächtig; es ist niederträchtig, diese Wahrheit zu mißachten, nach Narrheit zu trachten, die Mächtigen zu besiegen, ohne über Waffen zu verfügen, denen sie unterliegen. Heldentaten sind sinnlos, sie verraten die Ohnmacht des Schwachen, und seine Verzweiflung bringt die Macht nur zum Lachen. Doch hört einen Bettler jetzt, gefoltert, in Fetzen, von Schergen gehetzt: Der Mächtige in dieser Welt greift nach dem, was ihm gefällt, bald ist es dein Weib, bald ist es dein Haus, und nur, was er verachtet, läßt er unberührt; es lerne der Kluge daraus. Der fällt, den verführt, was die Macht begehrt, ja selbst den Weisen tötet die Gewalt, nur wer nichts hat und nichts ist, bleibt unversehrt. Begreife, was man muß, und ziehe den Schluß: Stelle dich dumm, nur so wirst du alt. Von innen greife an. Sei in der Festung schon am Tage des Gerichts. Schleiche dich ein, demütigen Gesichts, als Saufkumpan, als Sklave, Dichter, Schuldenbauer, erniedrige dich, und du brichst jede Mauer. Ertrage Schmach, geh jede Pfade, vergrabe, will's die Zeit, wilde Hoffnung, heiße Liebe, Leid und Gnade, Menschlichkeit, unter einem roten Henkerskleid.

Das Unvermeidliche wartet

Das Unvermeidliche wartet
Es kommt nicht. Du kommst
Die Maus bist Du. Darum
Sei kein Held
Denn dem Furchtlosen
Ist auch das Vermeidliche
Unvermeidlich
Fürchte Dich. Bleib ein Mensch
Was Dir gehört, gehört Dir nicht
Was allen gehört, gehört Dir
Die richtigen Gedanken
Sie sind freundlich
Auch wenn sie feindlich scheinen
Du kannst sie nicht allein denken
Du kannst sie nicht allein überprüfen
Du kommst nicht allein auf sie
Allein vor sie kommst Du allein
Sie sind Deine und unsere Richter
Wir sind falsch und Du, nicht sie
Liebe ihr Urteil, wende es an
Vielleicht wird dann das dunkle Tier
Sich räkelnd unter einem Bett
Oder schnurrend an einer Straße geduckt
Sein unmenschliches Tagwerk

Menschlich verrichten
Dich nicht
In einer Gaskammer fressen

Nur das Nichtige hat Bestand

Wütend und naß
glitt ich aus dem Leib meiner Mutter
begriff nie wozu
und auf wessen Befehl
später blinzelte ich im Licht
und wurde mißtrauisch
so bin ich immer noch
genüge mir selber; die Welt
da draußen
ist ungewiß. Sie gehört nicht mir.
Ist eine unbegreifliche Gnade
oder auch
ein böser Fluch. Wer kann das
wissen
Auf alles gefaßt sein.
Darum sammle ich die Weine
rauche ich die braunen getrockneten
Blätter
Vergänglichkeiten
nur das Nichtige hat
Bestand.

Ergreife die Feder müde

Ergreife die Feder müde
schreibe deine Gedanken nieder
   wenn keine Frage nach Stil dich bedrängt.

Es ist heute wieder vieles zu durchdenken.
Felder liegen brach, die einst Früchte trugen.

Das Mögliche ist ungeheuer. Die Sucht
   nach Perfektion
zerstört das meiste. Was bleibt
   sind Splitter
an denen sinnlos gefeilt wurde.

Beginne, das Sonnensystem zu sehen.
   Liebe
auch Pluto. Doch wer
   macht sich schon Gedanken über ihn!
Ich aber
   spüre sein Kreisen, ahne
die kleine Kugel, die glattgeschliffene.

Alles läßt sich besser schreiben
   Darum laß die schlechtere Fassung stehn.

Nur beim Weitergehen kommst du irgendwohin
   wohin?
Fern von dir.

Gehe weiter. Lots Weib
erstarrte beim Zurückschauen.
Erstarrt nicht. Korrigiert nicht.
Wagt!

Höre nie auf andere.
Trachte nicht danach ein gutes Buch zu schreiben
Mache keinen Plan und wenn du ihn machst
führe ihn nicht aus
Der Plan genügt.

Nichts
ist notwendig. Das Spiel
kann jederzeit abgebrochen werden.

Es gibt Sätze, die stark machen
doch brauchen sie nicht niedergeschrieben werden

Löse deine Hand.

Es kommt nie auf die Sätze an. Nur das
Werk allein zählt.
Die Narren kritisieren einen Satz
Wenige sehen das Ganze

Gott kann dich verlassen
Gody soll dich verlassen.

Der Menschen Ketten loszuketten

»Lied der Marxe« aus der Komödie ›Achterloo IV‹

Der Menschen Ketten loszuketten
Erschufen wir die Ketten neu
Weil Menschen hoffen nur in Ketten
Daß kettenlos die Zukunft sei

Nur wer gekettet ist in Ketten
Der weiß wie schwer die Kette wiegt
Daß ihn von Ketten nur wird retten
Was in der Zukunft Kette liegt

So an die Hoffnung angekettet
Sind wir auf Ketten stolz wie nie
Gekettet sind wir losgekettet
An eine neue Utopie

Minotaurus

Für Charlotte

Das Wesen, das die Tochter des Sonnengottes, Pasiphae, geboren hatte, nachdem sie auf ihren Wunsch hin eingeschlossen in eine künstliche Kuh von einem dem Poseidon geweihten weißen Stier bestiegen worden war, fand sich, von den Knechten des Minos hineingeschleppt, die lange Ketten bildeten, um sich nicht zu verlieren, nach langen Jahren eines wirren Schlafs, währenddessen es in einem Stall zwischen Kühen heranwuchs, auf dem Boden des Labyrinths vor, das von Daidalos erbaut worden war, um die Menschen vor dem Wesen und das Wesen vor den Menschen zu schützen, einer Anlage, aus der keiner, der sie betreten hatte, wieder herausfand und deren unzählige in sich verschachtelte Wände aus Glas waren, so daß das Wesen nicht nur seinem Spiegelbild gegenüberkauerte, sondern auch den Spiegelbildern seiner Spiegelbilder: Es sah unermeßlich viele Wesen, wie es eines war, vor sich, und wie es sich herumdrehte, um sie nicht mehr zu sehen, unermeßlich viele ihm gleiche Wesen wiederum vor sich. Es befand sich in einer Welt voll kauernder Wesen, ohne zu wissen, daß es selber das Wesen war. Es war wie gelähmt.

Es wußte nicht, wo es war, noch was die kauernden Wesen rundherum wollten, vielleicht träumte es nur, auch wenn es nicht wußte, was Traum war und was Wirklichkeit. Es sprang auf, instinktiv, um die kauernden Wesen zu vertreiben, gleichzeitig sprangen seine Spiegelbilder auf. Es duckte sich, und mit ihm duckten sich seine Spiegelbilder. Sie ließen sich nicht vertreiben. Es starrte auf das Spiegelbild, das ihm am nächsten schien, kroch langsam zurück, und auch sein Spiegelbild wich von ihm weg, sein rechter Fuß stieß an eine Wand, es warf sich herum und fand sich Kopf an Kopf mit seinem Spiegelbild, kroch vorsichtig zurück, sein Spiegelbild kroch zurück. Unwillkürlich betastete es seinen Kopf, und wie es ihn betastete, betasteten auch seine Spiegelbilder ihren Kopf. Es erhob sich, und mit ihm erhoben sich auch seine Spiegelbilder. Es sah seinen Leib hinunter und verglich ihn mit dem Leib seiner Spiegelbilder, und seine Spiegelbilder sahen ihren Leib hinunter und verglichen ihn mit ihrem Leib, und indem es sich und seine Spiegelbilder betrachtete, erkannte es, daß es wie seine Spiegelbilder beschaffen war: Es glaubte, ein Wesen unter vielen gleichen Wesen zu sein. Sein Gesicht wurde freundlicher, die Gesichter seiner Spiegelbilder wurden freundlicher. Es winkte ihnen zu, sie winkten zurück, es winkte mit der rechten, sie winkten mit der linken Hand, aber es wußte weder was rechts noch was links war. Es reckte sich, streckte die Arme aus, brüllte, mit ihm reckte sich, streckte die Arme aus und brüllte eine

Unzahl gleicher Wesen, tausendfach scholl sein Echo zurück, schien endlos zu brüllen. Ein Glücksgefühl überkam es. Es näherte sich der nächsten Wand aus Glas, ein Spiegelbild näherte sich ihm ebenfalls, während gleichzeitig sich andere Spiegelbilder entfernten. Es berührte sein Spiegelbild mit der Rechten, berührte die Linke seines Spiegelbilds, die sich glatt und kalt anfühlte, vor ihm berührten sich in Spiegelbildern von Spiegelbildern die anderen Spiegelbilder. Es lief, den glatten Spiegel berührend, die Wand entlang, seine rechte Hand die linke seines Spiegelbilds deckend, mit ihm lief sein Spiegelbild, und wie es nun die Rückseite der Spiegelwand zurücklief, lief sein Spiegelbild auch zurück. Es wurde übermütiger, sprang herum, überschlug sich, und mit ihm sprang und überschlug sich eine Unermeßlichkeit von Spiegelbildern. Aus dem Herumrennen und dem Sich-Überschlagen, aus den Sprüngen und dem Auf-den-Händen-Gehen – so groß wurde sein Übermut, weil die Spiegelbilder ja gleichzeitig dasselbe taten wie es, so daß es sich wie ein Anführer vorkam, mehr noch, wie ein Gott, wenn es gewußt hätte, was ein Gott ist –, aus dieser kindlichen Freude wurde allmählich ein rhythmischer Tanz des Wesens mit seinen Spiegelbildern, die teils spiegelverkehrt, teils als Spiegelbilder von Spiegelbildern mit dem Wesen identisch und wiederum als Spiegelbilder von Spiegelbildern von Spiegelbildern spiegelverkehrt waren, bis sie sich im Unendlichen verloren.
Das Wesen tanzte durch sein Labyrinth, durch die

Welt seiner Spiegelbilder, es tanzte wie ein monströses Kind, es tanzte wie ein monströser Vater seiner selbst, es tanzte wie ein monströser Gott durch das Weltall seiner Spiegelbilder. Doch plötzlich hielt es in seinem Tanz inne, stand starr, kauerte sich nieder, starrte mit aufmerksamen Augen, und mit ihm kauerten und äugten seine Spiegelbilder: Tanzend hatte das Wesen zwischen den tanzenden Spiegelbildern Wesen gesehen, die nicht tanzten und die keine Spiegelbilder waren, die ihm gehorchten. Das Mädchen, wie das kauernde Wesen widergespiegelt, stand unbeweglich, nackt, mit langen schwarzen Haaren zwischen den kauernden Wesen, die überall waren, vor ihm, neben ihm, hinter ihm, so wie es auch überall war, vor ihm, neben ihm, hinter ihm. Das Mädchen wagte sich nicht zu rühren, den angstvollen Blick auf das Wesen geheftet, das vor ihm kauerte und ihm am nächsten war. Es wußte, daß es nur ein kauerndes Wesen gab, daß die anderen kauernden Wesen Spiegelbilder waren, aber es wußte nicht, wer das Wesen und nicht sein Spiegelbild war. Vielleicht war es das Wesen, das vor ihm kauerte, vielleicht sein Spiegelbild, vielleicht ein Spiegelbild seines Spiegelbilds, das Mädchen wußte es nicht. Es wußte nur, daß seine Flucht vor ihm es zu ihm geführt hatte, und neben dem kauernden Wesen sah es sich selber gespiegelt, und weiter vor ihm sah es sich selber von hinten und neben sich ein kauerndes Wesen von hinten, und so fort durch endlose Räume. Die Hände über die Brüste gekreuzt, sah es gebannt auf das immer noch vor ihm kauernde Wesen. Es glaubte, es berühren zu können. Es glaubte, seinen Atem zu spüren. Es glaubte, sein Schnauben zu hören. Sein gewaltiger, mit einem fahlen lichtbraunen Pelz bedeckter Kopf war der eines Auerochsen, die Stirn hoch, breit und von verfilzten Wollhaaren überwuchert, die Hörner kurz und so gebogen, daß die Spitzen über der Wurzel standen, die rötlichen Augen schienen eher klein im Verhältnis zum Schädel, und die Umrandung, in der sie lagen, war erhöht, die Augen waren unergründlich. Der sanft geneigte massige Nasenrücken führte zu schiefgestellten Nüstern, aus dem Maul hing eine lange bläulichrote Zunge und unter dem Kinn ein zopfiger geiferverklebter Bart. Dies alles wäre zu ertragen gewesen, aber das Unerträgliche war der Übergang dieses Bullen zum Menschen. Über dem Auerochsenschädel wölbte sich ein Gebirge von struppigem und dann wieder abgeschabtem Fell, aus dessen Grannen und Strähnen zwei Menschenarme wuchsen, die sich auf den gläsernen Boden stützten. Es war, als ob der ungeheure Kopf und der Buckel über ihm aus dem Leib eines Mannes gewuchert wären, der sprungbereit vor dem Mädchen kauerte und dann wieder neben und hinter ihm. Der Minotaurus erhob sich. Er war gewaltig. Er begriff plötzlich, daß es noch etwas anderes als Minotauren gab. Seine Welt hatte sich verdoppelt. Er sah die überall widergespiegelten Augen, den Mund, die langen schwarzen Haare, die über die Schultern flossen, er sah die weiße Haut, den Hals, die Brüste, den Bauch, den Schoß, die Schenkel, wie das alles ineinanderging, ineinanderfloß. Er bewegte sich zu ihm hin. Es entfernte sich von ihm, während es sich anderswo auf ihn zu bewegte. Er jagte ihm durch das Labyrinth nach, es flüchtete. Es war, als ob ein Sturmwind Minotauren und Mädchen durcheinandergeblasen hätte, so wirbelten sie auseinander, durcheinander und einander entgegen, und als ihm das Mädchen in die Arme lief, als er mit einem Male den Leib fühlte, das warme, schweißgebadete Fleisch, und nicht das harte Glas, das er bis jetzt gefühlt hatte, begriff er – insofern man beim Minotaurus von Begreifen reden kann –, daß er bis jetzt in einer Welt gelebt hatte, in der es nur Minotauren gab, jeder eingeschlossen in ein gläsernes Gefängnis, und nun fühlte er einen anderen Leib, fühlte anderes Fleisch. Das Mädchen entwand sich ihm, er ließ es geschehen. Es wich zurück, die großen Augen auf ihn gerichtet, und als er zu tanzen begann, begann das Mädchen zu tanzen, und die Spiegelbilder der beiden tanzten mit. Er tanzte seine Ungestalt, es tanzte seine Schönheit, er tanzte seine Freude, es gefunden zu haben, es tanzte seine Furcht, von ihm gefunden worden zu sein, er tanzte seine Erlösung, und es tanzte sein Schicksal, er tanzte seine Gier, und es tanzte seine Neugier, er tanzte sein Herandrängen, und es tanzte sein Abdrängen, er tanzte sein Eindringen, es tanzte sein Umschlingen. Sie tanzten, und ihre Spiegelbilder tanzten, und er wußte nicht, daß er das Mädchen nahm, er konnte auch nicht wissen, daß er es tötete, wußte er doch nicht, was Leben war und was Tod. In ihm war nichts als ein ungestümes Glück, eins mit einer ungestümen Lust. Er brüllte auf, als er das Mädchen nahm, und in den Spiegeln nahmen Minotauren Mädchen, und das Brüllen war ein ungeheuerlicher Schrei, ein unwirklicher Weltschrei, als wäre nichts als dieser Schrei, der sich mit dem Schrei des Mädchens vermischte, und dann lag er da, und in den Spiegeln lagen Minotauren da, und der weiße nackte Leib des Mädchens mit den großen schwarzen Augen lag da und spiegelte sich in den Wänden. Er hob den linken Arm des Mädchens, er fiel herunter, den rechten, er fiel herunter, überall fielen Arme herunter. Er leckte es mit seiner bläulichroten Riesenzunge, das Gesicht, die Brüste, das Mädchen blieb unbeweglich, alle Mädchen blieben unbeweglich. Er wälzte es mit den Hörnern herum, das Mädchen rührte sich nicht, kein Mädchen rührte sich. Er erhob sich, sah sich um, überall standen Minotauren und schauten sich um, und überall lagen zu ihren Füßen weiße Mädchenleiber. Er bückte sich, hob das Mädchen auf, brüllte, klagte, hob das Mädchen dem dunklen Himmel entgegen, und überall bückten sich Minotauren, hoben Mädchen auf, brüllten, klagten, hoben Mädchen dem dunklen Himmel entgegen, und dann legte er das Mädchen zwischen die gläsernen Wände, legte sich zu ihm und schlief ein, und mit ihm alle Minotauren, hingestreckt auf dem Boden voller weißer nackter Mädchenleiber. Er schlief und träumte vom Mädchen mit den

schwarzen Haaren und den großen Augen, jagte ihm nach, spielte mit ihm, riß es an sich, liebte es, und als er die Augen öffnete, war auf seiner Brust etwas in seinem verkrusteten Bart verkrallt.
Es streifte mit seinen Schwingen sein Flotzmaul und tauchte seinen nackten gelblichweißen Hals mit dem kleinen Kopf, den roten Augen und dem seltsam gebogenen mächtigen Schnabel irgendwohin neben ihm hinab. Auf den Wänden hockte ein fettes Dickicht von Federn, Hälsen, Augen, Schnäbeln, und über ihm kreiste es, den aufgrauenden Morgen verfinsternd, stieß herab, tauchte, riß, weidete, fledderte, wühlte, fraß, kreischte, flog davon, flog heran, stieß wieder herab, spiegelte sich im Herabfallen und im Hinaufsteigen, ohne daß er begriff, warum es herabstieß, hineintauchte, riß, hinaufstieg, herumkreiste, so sehr war er eingehüllt vom Geflatter und Flügelschlagen, und als es sich, immer höher kreisend, im überhellen Nichts des nun gleißenden Himmels auflöste, brach die Sonne durch die gläsernen Wände und brannte ihr Bild in sein Hirn als ein gewaltiges, sich drehendes Rad, das Feuergarben in den Himmel stieß zum Zeichen ihres Zorns über den Frevel ihrer Tochter Pasiphae, die ein Wesen geboren hatte, das, eine Beleidigung der Götter und ein Fluch den Menschen, verdammt war, weder Gott noch Mensch noch Tier, sondern nur Minotaurus zu sein, schuldlos und schuldig zugleich. Er sah das unermeßliche, sich hinaufwälzende Rad, er hielt die Augen geschlossen, er sah es dennoch, das Rad des Fluches, der auf ihm

lastete, das Rad seines Geschicks, das Rad seiner Geburt und das Rad seines Todes, das Rad, das in seinem Hirn brannte, ohne daß er wußte, was Fluch, Geschick, Geburt und Tod war, das Rad, das sich über ihn wälzte, das Rad, worin er gerädert war, und wie er dalag, versengt von der Sonne und von ihrem endlos widergespiegelten Licht, bemerkte er schattenhaft einen Fuß, der seinem Fuß glich. Er dachte, es sei das Mädchen, es sei wieder beweglich geworden und wolle mit ihm spielen. Er hob seinen Kopf, und nun sah er zwei Füße, die zurückwichen. Er erhob sich. Vor ihm stand ein Wesen, das dem Mädchen glich und doch nicht das Mädchen war, das in der Linken einen zerfetzten Mantel und in der Rechten ein Schwert hielt, und der Minotaurus wußte weder, was ein Mantel noch was ein Schwert war, er wußte nur – weil im blendenden Licht der Sonne die Wände kein Bild mehr zurückwarfen –, daß die Minotauren und die Mädchen ihn verlassen hatten, und auch das Mädchen, das er genommen hatte, mußte wieder beweglich geworden und fortgegangen sein, war es doch nicht mehr da. Er war ausgestoßen aus seiner Minotaurenwelt, allein mit dem Wesen, das, ihn beobachtend, zurückwich, stehenblieb, ihm entgegenging und wieder zurückwich. Der Minotaurus näherte sich ihm voll Wohlwollen, auch wenn er keinen Begriff für dieses Gefühl hatte, das anders war als jenes, das er dem Mädchen gegenüber gehabt hatte, weniger jäh, weniger gierig. Er freute sich, mit ihm in den Gängen zu spielen und zu jagen,

vielleicht würde das Wesen ihn zu den anderen Minotauren führen und zu den Mädchen und zu den Wesen, die so waren wie dieses neue Wesen. Nur mußte er mit ihm sorgfältiger umgehen, zärtlicher, sonst würde es unbeweglich.
Der Minotaurus schnaubte freudig, und als das Wesen wieder den Mantel schwenkte, begann er zu tanzen. Vor den im Sonnenlicht strahlenden Wänden bewegten sich die beiden wie Schatten, der tanzende und springende, in die Hände klatschende und dann wieder schnell stampfende Minotaurus, das sein Tuch schwenkende, vorrückende oder zurückweichende Wesen, immer wieder mit dem Schwert angreifend, das es unter dem Mantel verborgen ins Labyrinth mitgenommen hatte, den Minotaurus zu töten, und nun, wie es ihm gegenüberstand und es seine Arglosigkeit sah, schämte es sich. Der Minotaurus umtanzte es, umklatschte und umstampfte es. Er tanzte seine Freude, nicht mehr allein zu sein, er tanzte seine Hoffnung, die anderen Minotauren zu treffen, die Mädchen und Wesen, die gleich waren wie jenes, mit dem er nun tanzte. Er vergaß im Tanzen die Sonne, er vergaß im Tanzen den Fluch. Er war nur noch Heiterkeit, Freundlichkeit, Leichtigkeit, Zärtlichkeit. Er tanzte, und das Wesen umlauerte und umsprang den Minotaurus, und als die Sonne sank, wurden mit ihrem tausendfachen Spiegelbild auch die Spiegelbilder der beiden sichtbar.
Der Minotaurus tanzte, glücklich, die Minotauren gefunden zu haben und die neuen Wesen, bald würde er das Mädchen finden, das er genommen

hatte und das unbeweglich geworden und das dann fortgegangen war, und die anderen Mädchen, die von den Minotauren genommen worden waren und dann auch unbeweglich geworden und fortgegangen waren. Die beiden tanzten einander entgegen und tanzten einander auseinander, die Spiegelbilder trafen sich, deckten sich, durchschossen sich. Überall tanzte ein Minotaurus herum, drehte sich um sich selber, und überall sprang der Jüngling vor und sprang wieder zurück, federnd, dann wieder in Bocksprüngen, darauf wartend zuzustoßen, und als die Sonne hinter dem Labyrinth versank und die Wände tiefrot aufleuchteten, stieß er zu, sprang zurück, lehnte sich an eine Wand, starrte auf den Minotaurus. Der machte noch einige Tanzschritte, das Schwert in der Brust, blieb stehen, zog sich mit der rechten Hand das Schwert heraus, betrachtete es verwundert, griff mit der linken Hand nach der Brust, aus der es schwarz herausquoll, warf das Schwert von sich, so daß es über den Boden schlitterte, preßte auch die rechte Hand vor die Brust, wankte, schien taumeln zu wollen, stand wieder unbeweglich. Er war verwirrt. Er begriff nicht, was seine Hände verfärbte, und nicht den Schmerz, der in seiner Brust wütete. Er fühlte nur, daß dieses Wesen, das ihn angesprungen und etwas in seinen Leib gestoßen hatte, ihn nicht liebte, wie ihn vorher alle geliebt hatten, die Minotauren, das Mädchen, die Mädchen, und wie er das fühlte, wurde er mißtrauisch, um so mehr als er nicht denken konnte, zog doch alles als Bilder in seinem Geiste vorüber und nicht in Begriffen, als ob er in einer Art Bilderschrift fühlte: Vielleicht hatte ihn das Mädchen gar nicht geliebt, und auch die anderen Mädchen hatten die Minotauren nicht geliebt, darum hatten sie sich unbeweglich gestellt und waren fortgegangen. Vielleicht gehörten sie dem neuen Wesen, das ähnlich wie das Mädchen aussah und doch anders, mit einem Leib, fast so kräftig wie der seine, und das ihn angesprungen hatte, wie die anderen neuen Wesen die Minotauren angesprungen hatten, die nun wie er die Hände auf ihre Brust preßten, aus der es schwarz herausquoll; und wie die sechs anderen Mädchen und die sechs anderen Jünglinge erschienen, einander die Hände reichend, so daß in den Spiegeln die Reihe der Herumirrenden nicht abzubrechen schien, sich vielmehr im Lichte des mächtigen Abends verdoppelte, vervierfachte, vervielfachte, und wie sie den Gefährten fanden, der an eine Wand lehnte und hoffte, der Minotaurus würde endlich zusammenbrechen, kam es dem Stiermenschen vor – hätte er den Begriff gehabt –, die ganze Menschheit bräche über ihn herein, ihn zu vernichten. Er duckte sich. Er fühlte sich bedroht, und um sich nicht zu fürchten, setzte er seiner Furcht den Stolz entgegen, den Stolz, Minotaurus zu sein, und was nicht Minotaurus war, war sein Feind. Nur die Minotauren hatten das Recht, im Labyrinth zu sein, in einer Welt, außer der es für ihn keine andere Welt gab – mottete doch nur ein vages Gefühl von Kuhwärme von den Ställen her, wo er aufgewachsen war, in seiner Erinnerung. Der Haß kam über ihn, den das Tier gegen den Menschen hegt, von dem das Tier gezähmt, mißbraucht, gejagt, geschlachtet, gefressen wird, der Urhaß, der in jedem Tier glimmt. Seine Augen wurden voll Wut. Aus seinem Maul trat Schaum, und wie der Jüngling sich von der Wand löste, weil er das Sich-Ducken des Minotaurus als dessen Sterben mißdeutete, überzeugt, ihn tödlich verwundet zu haben, und wie nun die Menschen, die Mädchen und die Jünglinge, um den Geduckten, dessen Wut sie nicht bemerkten, einen Kreis bildeten und ebenfalls jubelten und im wilden Ringelreigen um den Minotaurus herumtanzten, immer schneller, immer übermütiger, als wären sie gerettet, immer toller, ohne zu bedenken, daß sie schon allein durch das Labyrinth verloren waren – hätten sie doch auch beim Tode des Stiermenschen den Ausgang aus den ineinandergeschachtelten Spiegelwänden nicht gefunden –, immer unvorsichtiger im Rausch ihrer vermeintlichen Freiheit, immer enger den johlenden Kreis ziehend, immer bedrohlicher in der hereinbrechenden Nacht, in der er nur noch Menschen sah und nicht mehr seine eigenen Spiegelbilder, da die herumwirbelnden und herumhopsenden Menschen ihm die Sicht auf die Wände des Labyrinths verdeckten, so daß diese ihn nicht mehr widerzuspiegeln vermochten, fühlte sich der Minotaurus auch von den Minotauren im Stich gelassen und verraten. Er rollte die Augen, schnaubte, ging tiefer, spannte die Muskeln, schnellte hoch, rannte an, nahm ein Mädchen auf die Hörner und verschwand mit ihm, es immer wieder hochschleudernd, im Labyrinth. Darauf, wutschnaubend zurückkehrend, mit blutverschmierten Hörnern – so oft hatte er zugestoßen –, fand er die Menschen eng in einem schattenhaften Knäuel zusammengedrängt, während sich über ihnen der hungrige Gefiederdschungel auf den Wänden schon niedergelassen hatte, ein dunkles Knäuel über einem dunklen Knäuel, ein Geramsel, dessen Krächzen, Pfeifen, heiseres Schreien und Schnattern sich mit dem Angstgeheul der Menschen vermischte. Der Mond war irgendwo hinter dem Labyrinth am Aufgehen, die Nacht, nur spärlich von der versunkenen Sonne getönt, erhellte sich. Der Minotaurus griff an, stieß zu, in ein weiches Durcheinander von weißen Leibern, wühlte sich durch, stieß wieder zu, wälzte sich, trampelte herum, stampfte nieder, spießte auf, zerfetzte, schlug zu, zerschlitzte, während es um ihn herum niederstürzte, hackte, knackte, knirschte, riß, schmatzte, so daß der schreiende und heulende Menschenknäuel, in welchem der Minotaurus wütete, von einem dichten Geflatter kreischender Aasvögel eingehüllt wurde: Bartgeier, Schmutzgeier, Schopfgeier, Königsgeier, Kappen-, Kutten-, Ohren-, Kahlkopf- und Rabengeier, Kondor und Urubu schnappten, würgten hinunter, tauchten erneut hinein; ohne Unterlaß zustoßend, riß der wütende Stiermensch im Menschendurcheinander und -übereinander Glieder aus, soff Blut, brach

Knochen, wühlte in Bäuchen und Schößen, bis die struppige Wolke von Flügeln, Federn, Hälsen, Augen, Schnäbeln, Fängen und Krallen im Mondlicht sich aufgelöst hatte. Der Minotaurus war allein. Geblendet vom Mond, sah er auf den kalten Wänden seine Spiegelbilder wieder als schwarze Schatten, die sich ineinanderschoben und zusammenwuchsen zu einem Schattenlabyrinth im Labyrinth. Er hob die Arme, drohte mit den Fäusten, schüttelte sie, mit ihm hoben seine Spiegelbilder die Arme, drohten mit den Fäusten, schüttelten sie, was seine Wut derart steigerte, daß er sich mit gesenktem Stierkopf blindlings dem ersten Schatten entgegenwarf. Er durchbrach die Wand, suchte wütend in den Glassplittern das Spiegelbild, das doch das seine war, es schien ihm unter den Splittern begraben zu sein. Er stieß mit dem gewaltigen Kopf zu, und als er an der nächsten Wand sein Spiegelbild erblickte, begriff er immer noch nicht, griff es erneut aufbrüllend an, warf sich ihm kopfvoran entgegen, so wie es sich ihm kopfvoran entgegenzuwerfen schien.
Er prallte zurück, glotzte mit wütenden rötlichen Auerochsenaugen nach seinem Spiegelbild, das ihn wie er mit wütenden rötlichen Auerochsenaugen anglotzte. Er rannte wieder an, noch heftiger, prallte noch heftiger zurück, kam auf den Rücken zu liegen. Der Mond war immer noch hinter dem Labyrinth, aber er schien durch die Wände, sich in ihnen als Fast-Vollmond widerspiegelnd, die Zacken der Krater seiner noch nicht gerundeten Seite grotesk vergrößert, und so oft

spiegelte sich der Mond wider, daß der Minotaurus in ein Universum aus Stein zu blicken glaubte, das von Narben durchzogen war. Auf diese Mondwelt starrend, fürchtete er, sein Feind habe sich erhoben. Er rollte sich auf den Bauch, der Verräter hatte sich zwar nicht erhoben, aber lauerte auch auf dem Bauch zu ihm herüber. Der Minotaurus rutschte seinem Spiegelbild entgegen, das sich ihm auf die gleiche Weise näherte, er war bereit, aufzuschnellen und sich über den andern zu werfen, aber indem er den andern beobachtete, spürte er, wollte er aufschnellen, die gleiche Absicht in den Augen des andern. Er prägte sich das Gesicht des Verräters ein, pelzbedeckt, die breite Stirn von verfilzten Wollhaaren überwuchert, überhäuft von einem Berg von Glassplittern, die im Mondlicht bläulich funkelten, die kurzen gebogenen Hörner, der sanft geneigte Nasenrücken, das nasse Flotzmaul, die lange bläulichrote Zunge. Der Minotaurus keuchte, so daß der Dampf seiner Nüstern den Spiegel beschlug, dem er sich entgegenschob, worauf er sein Spiegelbild nicht mehr sah, strich, den Nebel zu verscheuchen, unwillkürlich mit der Hand über die Nässe, und überrascht, als hinter der glatten kalten Fläche das riesige Stierengesicht des Verräters unvermittelt auftauchte, schmetterte er mit der Stirn instinktiv zu, schlug mit ihr an die Wand statt auf die Stirn des andern, die in der Wand war und nicht außerhalb. Er stutzte. Er nahm von der Wand Abstand, funkelte sein Spiegelbild haßerfüllt an, und es ihn, schlug mit der rechten Faust zu, das Spiegelbild mit der linken, die beiden Fäuste trafen sich, erneuter Schlagwechsel mit dem gleichen Ergebnis, darauf schlug er mit beiden Fäusten zu, das Spiegelbild ebenfalls, schließlich trommelte er an die Wand. Er trommelte seine Wut, er trommelte seine Gier zu zerstören, er trommelte seinen Wunsch sich zu rächen, er trommelte seine Lust zu töten, er trommelte seine Furcht, er trommelte seine Rebellion, er trommelte seine Selbstbehauptung, aber auf einmal spürte er, daß dieses Wesen vor ihm, das ein Wesen wie er und dennoch sein Verräter war, weil es ein anderes war und weil alles sein Feind war, was nicht er war, nicht zu fassen war, unangreifbar war. Zwar hatte er gleich zu Beginn seines Erwachens im Labyrinth – von dem er noch immer nicht wußte, daß es ein Labyrinth war – gefühlt, daß zwischen ihm und den Minotauren etwas Geheimnisvolles lag, etwas Wandähnliches, aber da er mit ihnen dahingetanzt hatte wie ihr Anführer, wie ihr König, wie ihr Gott, dahin durch das Weltall der Minotauren, hatte er nicht darauf geachtet, aber jetzt, nachdem er das Mädchen genommen und seinen Leib an den ihren und in ihren gepreßt hatte und nachdem er die Leiber der anderen Menschen mit seinen Hörnern durchstoßen und zerfetzt hatte, aus denen es warm und rot herausgequollen war wie aus seinem Leib, spürte er das Unwirkliche dieses Wesens vor ihm, das ihn zwar verraten hatte, aber auch voller Glassplitter war wie er, und vielleicht war sein Gesicht auch blutverschmiert wie das seines Verräters. Er betastete sein Gesicht, betrachtete seine Hände, auch sein Gesicht war blutverschmiert. Er beobachtete sein Spiegelbild mißtrauisch, tat, als ob er es nicht beobachtete, er fühlte, daß es etwas zu sein schien, was es nicht war. Er war entsetzt und neugierig zugleich. Er wich zurück, sein Spiegelbild ebenso, und allmählich ging ihm auf, daß er sich selber sich gegenüber befand. Er versuchte zu flüchten, doch wohin er sich auch wandte, stets stand er sich selber gegenüber, er war eingemauert von sich selber, überall war er selber, endlos war er selber, vom Labyrinth ins Unendliche widergespiegelt. Er spürte, daß es nicht viele Minotauren gab, sondern nur einen Minotaurus, daß es nur ein Wesen gab, wie er eines war, ein anderes nicht vor ihm und ein anderes nicht nach ihm, daß er der Vereinzelte war, der zugleich Aus- und Eingeschlossene, daß es seinetwegen das Labyrinth gab, und das nur, weil er geboren worden war, weil es ein Wesen wie ihn nicht geben durfte, der Grenze willen, die zwischen Tier und Mensch und Mensch und den Göttern gesetzt worden ist, damit die Welt in Ordnung bleibe und nicht zum Labyrinth werde und damit ins Chaos zurückfalle, aus dem sie entstanden war; und wie er das spürte, als ein Fühlen ohne Begreifen, als eine Erleuchtung ohne Erkennen, nicht als eine Menscheneinsicht durch Begriffe, sondern als eine Minotauren-einsicht durch Bilder und durch Gefühle, brach er zusammen, und wie er dalag, zusammengerollt, wie er im Leib Pasiphaes zusammengerollt gewesen war, träumte der Minotaurus, er sei ein Mensch. Er träumte von Sprache, er träumte von Brüderlichkeit, er träumte von Freundschaft, er träumte von Geborgenheit, er träumte von Liebe, von Nähe, von Wärme und wußte zugleich, wie er träumte, daß er ein Unwesen war, daß ihm nie die Sprache, nie die Brüderlichkeit, nie die Freundschaft, nie die Liebe, nie die Nähe, nie die Wärme zufallen würden, er träumte, wie Menschen von Göttern träumen, mit der Traurigkeit des Menschen der Mensch, mit der Traurigkeit des Tieres der Minotaurus. So fand ihn denn Ariadne schlafend vor. Sie kam tanzend mit ihrem Wollknäuel, den sie abrollen ließ, und tanzend, fast zärtlich, wickelte sie das Ende des roten Fadens um seine Hörner, tanzte dem Faden nach wieder hinaus, und als der Minotaurus erwachte, in einem gläsernen Morgen, sah er unzählige Male gespiegelt einen Minotauren auf sich zukommen, die Augen auf den Wollfaden geheftet, als sei er eine Blutspur. Zuerst dachte der Minotaurus, es sei sein Spiegelbild, auch wenn er immer noch nicht begriff, was ein Spiegelbild sei, aber dann erfaßte er, daß der andere Minotaurus ihm entgegenschritt, während er auf dem Boden lag. Das verwirrte ihn. Der Minotaurus erhob sich und bemerkte nicht, daß das Ende des roten Wollfadens um seine Hörner gewickelt war. Der andere kam näher. Der Minotaurus warf beide Arme hoch, der andere ebenfalls, der Minotaurus wurde argwöhnisch, der andere konnte doch sein Spiegelbild sein, dann schien es ihm wieder, als habe der andere

Minotaurus seine Arme nicht gleichzeitig mit ihm hochgeworfen, die Spiegelbilder taten es sonst alle gleichzeitig, aber er konnte sich getäuscht haben, da beide widergespiegelt waren und der andere nun stehengeblieben war. Der Minotaurus machte einen Tanzschritt, die Spiegelbilder auch, doch diesmal tanzten viele Spiegelbilder verzögert, er konnte es deutlich bemerken. Der Minotaurus stand wieder unbeweglich und spähte nach dem anderen Minotaurus, der auch unbeweglich stand. Der Minotaurus versuchte zu denken. Er bewegte den kleinen Finger der rechten Hand, sah scharf hin, bewegte den Finger noch einmal, der andere bewegte den kleinen Finger der rechten Hand, was den Minotaurus beunruhigte, er war unsicher, der andere schien den kleinen Finger an der falschen Hand bewegt zu haben. Der andere Minotaurus stand unmittelbar vor ihm, aber es konnte auch ein Spiegelbild des anderen Minotaurus sein oder ein Spiegelbild seines eigenen Spiegelbilds, es war vielleicht sogar mit Denken nicht auszumachen, der andere hatte, wenn es einen anderen gab, einen Kopf wie er und einen Leib wie er. Der Minotaurus bewegte die rechte Hand, nun bewegte der andere die linke Hand, fast gleichzeitig, aber vielleicht auch gleichzeitig; und wie der Minotaurus all den Möglichkeiten nachspürte, sah er plötzlich, daß am Leib des anderen Minotaurus oder am Leib des Spiegelbilds des anderen Minotaurus an der Lende ein Gegenstand geheftet war, etwas Pelzartiges, von dem der Minotaurus

zwar nicht wußte, was es war, aber das ihm bewies, daß er einem anderen Minotaurus oder dessen Spiegelbild gegenüberstand. Der Minotaurus schrie auf, wenn es auch mehr ein Brüllen war als ein Schreien, ein langgezogenes Aufheulen, Aufmuhen und Aufjaulen vor Freude darüber, daß er nicht mehr der Vereinzelte war, der zugleich Aus- und Eingeschlossene, daß es einen zweiten Minotaurus gab, nicht nur sein Ich, sondern auch ein Du.
Der Minotaurus begann zu tanzen. Er tanzte den Tanz der Brüderlichkeit, den Tanz der Freundschaft, den Tanz der Geborgenheit, den Tanz der Liebe, den Tanz der Nähe, den Tanz der Wärme.
Er tanzte sein Glück, er tanzte seine Zweisamkeit, er tanzte seine Erlösung, er tanzte den Untergang des Labyrinths, das donnernde Versinken
seiner Wände und Spiegel in die Erde, er tanzte
die Freundschaft zwischen den Minotauren,
Tieren, Menschen und Göttern, den roten
Wollfaden um die Hörner gewunden, er umtanzte
den andern Minotaurus, der den roten Wollfaden
spannte und den Dolch aus der Scheide aus
Pelz zog, ohne daß der Minotaurus es bemerkte,
und die Spiegelbilder des einen umtanzten die
Spiegelbilder des andern, die einen roten Wollfaden
spannten und einen Dolch aus der Scheide aus
Pelz zogen, und als der Minotaurus in die geöffneten
Arme des andern stürzte, im Vertrauen darauf,
einen Freund gefunden zu haben, ein Wesen wie er,
und als seine Spiegelbilder in die Arme der
Spiegelbilder des andern stürzten, stieß der andere zu,
und seine Spiegelbilder stießen zu, und so sicher

senkte der andere den Dolch in den Rücken, daß der Minotaurus schon tot war, als er zu Boden sank. Theseus nahm die Stiermaske vom Gesicht, und alle seine Spiegelbilder nahmen die Stiermaske vom Gesicht, wickelte den roten Wollfaden auf und verschwand aus dem Labyrinth, und alle seine Spiegelbilder wickelten den roten Wollfaden auf und verschwanden aus dem Labyrinth, das nichts mehr widerspiegelte als endlos den dunklen Kadaver des Minotaurus. Dann, bevor die Sonne kam, kamen die Vögel.

Peter Rüedi
Hymnen und Verwünschungen

Ende der siebziger Jahre begann Friedrich Dürrenmatt eine Gesamtausgabe seiner Werke vorzubereiten. Mit der Geschichte seiner ungeschriebenen Stoffe hatte er sich seit 1969 beschäftigt, den Gründen nachspürend, die sie verhindert hatten, und somit auf der Suche nach dem, was hinter den unterschiedlichen Ichs der geschriebenen Werke als geheimnisvolles Subjekt waltete. Er zog die Konsequenz aus der Erkenntnis, daß die Grenze durchlässig war zwischen dem Gestalteten und dem Fragment Gebliebenen, dem Bewältigten und dem Unbewältigten, dem scheinbar Abgeschlossenen und dem Liegengelassenen. Die Beschäftigung mit dem veröffentlichten Werk war die Folge seiner Arbeit am unveröffentlichten, beides die Suche nach den Gründen und Grenzen der Einbildungskraft und des Denkens. Was ließ aus Stoffen Stücke werden, was verhinderte die Gestalt? Das war *eine* Frage, die Antwort darauf konnte nur aus weiteren Fragen bestehen. So wie das Ende eines Stücks (Prosa oder Dramatik) oft nur ein vorläufiges war, der Stoff ihn auch nach der Premiere oder Drucklegung nicht ruhig ließ, so ist »das Werk« insgesamt offen und sein Grund dunkel. Es ist reine Möglichkeit, und »das Mögliche ist ungeheuer«. Abgeschlossen ist es für seinen Urheber durch die einzige menschliche Gewißheit, den Tod, aber in den

Köpfen derer, die sich weiter mit ihm befassen, ist es in Bewegung.

Die Form jener Gesamtausgabe 1980 bestimmte Dürrenmatt selbst, die Einteilung in Stücke, Hörspiele, Prosa und Essayistik (die theoretischen und kritischen Arbeiten zu Theater, Literatur, bildender Kunst, Politik, Naturwissenschaft und Philosophie). Einen Band mit gesammelten Gedichten finden wir darin nicht. Wenn diese verstreut in den Bänden 24 und 26 bis 28 sparsam zwischen die Essays, Reden und Reflexionen eingestreut stehen, fast als habe Dürrenmatt sie im thematischen Zusammenhang neutralisieren wollen, war auch das seine Absicht. Er verstand sich nicht als Lyriker.

Doch einmal abgesehen davon, daß nicht jedes Gedicht in Versen lyrisch ist und nicht jedes Stück dramatisch, Dürrenmatt in seinen Frühwerken (*Es steht geschrieben* und *Der Blinde)* mit guten Argumenten ein lyrischer Dramatiker genannt werden könnte (wie in einem Teil seines Hauptwerks ein epischer), abgesehen ferner davon, daß auch in seinen verhältnismäßig wenigen Gedichten meist andere Instanzen walten als das sogenannte »lyrische Ich«, zeigt die Auswahl dieses Bandes ungeachtet der Selbsteinschätzung in seltenen Augenblicken sogar einen anderen, einen lyrischen Dürrenmatt. Warum wollte er der nicht sein?

Das Gedicht verweist auf seinen Urheber, den Dichter, wenn nicht gar die numinose Instanz, die durch ihn spricht. Seit den frühen fünfziger Jahren bestand Dürrenmatt auf der Berufsbezeichnung »Schriftsteller«. Das war nicht Wortklauberei, sondern Programm: Schriftstellerei als Handwerk, gegen die geweihte Künstlerschaft gerichtet, die er am ausgeprägtesten in Stefan George verkörpert sah. Dürrenmatt fühlte sich zeitlebens eingespannt zwischen eine nicht formalistische Ästhetik »vom Stoffe her« und eine Obsession der Kontrolle, den Zwang zum Herumfeilen, dem Furor der Revision: »Das Mögliche ist ungeheuer. Die Sucht/ nach Perfektion/ zerstört das meiste. Was bleibt/ sind Splitter/ an denen sinnlos gefeilt wurde.«

Die Formel von der »schlimmstmöglichen Wendung«, bezeichnend genug im Zusammenhang mit den *Physikern* gefunden, dieser großen hermetischen Ausnahme in Dürrenmatts Dramatik der offenen Form, legt Finalität, kausale Organisation auf ein einziges mögliches Ende hin nahe. Wie die zahllosen Varianten fast all seiner Stück-Schlüsse beweisen, ist sie mißverständlich (unter der »schlimmstmöglichen Wendung« verstand er nichts anderes als den Moment, in welchem eine Figur darstellbar wird). Die Stoffe wucherten über das einzelne Werk, den durch Druck- oder Premierentermin gesetzten Abschluß hinaus weiter, verwandelten sich und oft auch die vorläufig gefundene Form. Der Mühe, sich mit einem Resultat abfinden zu können, entsprach und widersprach sein Widerwille gegen das Perfekte, Abgeschlossene, Hermetische. Das Unfertige, Fragmentarische faszinierte ihn ebenso, wie es ihn beunruhigte. Er war an Vorgängen interessiert, nicht an Resultaten.

Schreiben als Lebensform. Das heißt die Widerstände des mühsamen Handwerks ebenso suchen wie sie verfluchen. Ein paar der schönsten Gedichte dieser schmalen Sammlung handeln von der vergeblichen Hoffnung auf Erlösung aus dieser Qual zwischen dem unfreiwilligen Perfektionszwang und dem Aufruf zur Demut des Sichabfinden-Könnens. Vergeblich deshalb, weil das Thema dieser Gedichte u. a. eben die Sehnsucht nach der Erfüllung im Augenblick ist, nach der unfraglichen Identität von Form und Inhalt. An den wenigen Gedichten, die Dürrenmatt in die Ausgabe 1980 aufnahm – als könne er ihnen fast widerwillig seine Achtung nicht versagen –, feilte er im Gegensatz zu den Stücken nicht mehr.

In der im Nachlaß erhaltenen Agenda des Jahrs 1950 findet sich ein bemerkenswerter Eintrag: »Es wird mir klar, daß alles Dichterische nicht gekonnt sondern blind geschehen muß. Ein Abenteuer. Ein sich treiben lassen vom Stoff zu unbekannten Zielen. Was man mit der Zeit erlernen kann: die Kunst des Steuerns. Mein verfluchtes Laster in der Schriftstellerei: Die Überpedanterie meiner Darstellung. Vielleicht steht dahinter aber die notwendige Selbstkontrolle.« Da ist sie schon erkannt, die Polarität zwischen dem selbsttätigen Stoff und dem Wollen, ihm gestaltend gerecht zu werden. Das »Dichterische« und die »Schriftstellerei«: das liest sich hier fast wie »das Normale und die Sehnsucht«.

Aus dem spätromantischen Verständnis von Lyrik als der Gattung der uneingeschränkten subjektiven Souveränität einerseits, der größtmöglichen Intimität andererseits entstand das Klischee von der im Gedicht waltenden Aura des reinen Gefühls. Es gilt nicht einmal für die »lyrische« Lyrik, geschweige denn für die Kunst der Ballade, das barocke Lehrgedicht, das mittelalterliche Streitgedicht, es gilt nicht für größte Teile der Weltliteratur in Versen. Gewiß verpaßt es die Gedichte von Dürrenmatt, wenn die auch jeden verblüffen werden, der diesen Autor nur als »Gedankenschlosser«, als Konstrukteur von Gleichnissen und Welt-Parabeln kennt, oder besser: der Dürrenmatts Stücke und Romane hauptsächlich mit dem Blick auf die Konstruktion gelesen hat.

Einer von Dürrenmatts zentralen Begriffen ist der der Distanz. Subjektivität und Intimität waren ihm grundsätzlich verdächtig. Distanz ist nicht nur eine Voraussetzung seines gesamten Werks, sie ist eine Qualität der Lebenshaltung, als Notwehr oder als moralischer Imperativ ist sie der Freiwilligkeit entzogen. (»Sei menschlich, nimm Abstand«). Seine Ästhetik ist eine der verweigerten Einfühlung und der verweigerten Nachahmung.

Das meint nicht »Gefühllosigkeit« oder gar Verachtung der Gefühle, den »Bereich des Menschen, ohne den seine Erkenntnis und sein Wollen eitel sind: nicht (den) Bereich der Wahrheit oder des Irrtums des Menschen, sondern (den) Bereich seiner Wahrhaftigkeit und seiner Würde, aber auch seiner Freude oder Trauer, seiner Hoffnung oder Verzweiflung, (den) unermeßlichen Bereich seiner Gefühle« *(Neuenburger Rede* 1981). Aber Dürrenmatt war »skeptisch jedem Bekenntnis gegenüber, denn das subjektive Denken bewahrt sich gegen das objektive Denken einen Stolz – oder eine Scham –, so daß es auf Fragen nicht eingeht, auf die nur subjektiv zu antworten ist« (Nachwort zum *Mitmacher-Komplex).* Dennoch meint er es keineswegs ironisch, wenn er seinen letzten Brief an Max Frisch mit dem Satz schließt: »Als einer, der so entschlossen wie Du seinen Fall zur Welt macht, bist Du mir, der ebenso hartnäckig die Welt zu seinem Fall macht, stets als Korrektur meines Schreibens vorgekommen« (11. 5. 86).

Intimität und Subjektivität, in gewisser Hinsicht also auch sein »Ich«, waren nicht Dürrenmatts »Fall«. Auch nicht die Hermetik eines wie auch immer gearteten Klassizismus des sprachlichen Kunstwerks. Die Absolutsetzung von Sprache war ihm, dem von Bildern Bedrängten, überhaupt suspekt. Da teilte er die Meinung des großen Fritz Mauthner, der seine drei dicke Bände umfassenden *Beiträge zu einer Kritik der Sprache* mit den denkwürdigen Sätzen beginnt: »›Im Anfang war das Wort‹. Mit dem Worte stehen die Menschen am Anfang der Welterkenntnis, und sie bleiben stehen, wenn sie beim Worte bleiben. Wer weiter schreiten will, auch nur um den kleinwinzigen Schritt, um welchen die Denkarbeit eines ganzen Lebens weiter bringen kann, der muß sich vom Worte befreien und vom Wortaberglauben, der muß seine Welt von der Tyrannei der Sprache zu erlösen versuchen.«

Unter den Gedichten dieses Bandes sind die nächstliegenden die für die Stücke geschriebenen. Ausgewählt wurden die, welche über ihre dramaturgische Funktion hinaus als selbständige Texte verständlich sind: die *Makamen des Bettlers Akki* aus *Ein Engel kommt nach Babylon*, einige Lieder aus *Frank v.*, der *Psalm Salomos, den Weltraumfahrern zu singen* aus *Die Physiker*, der »Chor der Unsterblichen« aus *Die Frist*, das Lied der Marxe aus *Achterloo IV*. Die Makame, aus der arabischen Reimprosa übernommen, scheint dem an Mauthner bewunderten Sprachskeptizismus zunächst zu widersprechen. »Die Makamen des Akki sind nichts anderes als die äußerste Möglichkeit seiner Sprache und somit eine Verdichtung seiner Gestalt. Akki wird in ihnen ganz Sprache, ist in ihnen Sprache geworden, und das hat ein Bühnenschriftsteller immer anzustreben: daß es in seinem Theater Momente gibt, in denen die Gestalten, die er schreibt, Sprache werden und nichts anderes« *(Theaterprobleme*, 1954). Das revidiert der *Brief an Maria Becker* von 1967: »Als ich für das Theater zu schreiben begann« – und in die Anfänge reicht auch die Entstehung des *Engels* zurück –, »war für mich ein

Schauspieler ein ›Rollenträger‹. Er hatte meinen Text aufzusagen, der Text war alles und der Mensch ein Wesen, das durch die Sprache restlos darzustellen war... Diesen schönen Glauben an die Allgewalt der Sprache habe ich verloren. Weil es nicht wahr ist. Der Mensch ist mehr als Sprache, sein Schweigen mächtiger als sein Reden, sonst wäre er kein Geheimnis.«

Die Makamen im *Engel* haben freilich nicht nur die Sprachwendung einer Figur im Sinn, sie sind, durch die Erhöhung in den Vers, auch ein dramaturgisches Mittel der Distanz. Ein rhetorisches Mittel, und damit ein Mittel zur Verhinderung von Realismus. Viele Gedichte in diesem Band, nicht nur die aus Stücken stammenden, sind aus einer rhetorischen Haltung entstanden. Hymnen und Verwünschungen: auch das sind, nicht erst seit dem Barock, Möglichkeiten der Lyrik.

In einem Vortrag, den er 1979 in Polen hielt, erinnert sich der Genfer Germanist Bernhard Böschenstein an seine Begegnungen mit Dürrenmatt. Böschenstein war der Patensohn Wilhelm Steins, des Kunsthistorikers und Georgianers, in dessen Kreis Dürrenmatt während seiner Berner Studentenjahre verkehrt hatte. Der 16jährige Gymnasiast und der 27jährige Autor unterhielten sich über Verse: die eigenen Versuche des Jünglings, die Gedichte von Trakl, die FD bewunderte (vor allem das *Rondel,* in der ersten, von Kurt Horwitz, Dürrenmatts Entdecker, betreuten Ausgabe), die Lyrik von Gryphius auch, in der, »wie er sagte, das Gefühl zur Reflexion werde«. Böschenstein vermutet da den Einfluß von Dürrenmatts anderem Mentor, Ernst Ginsberg, der gern barocke Verse rezitierte (Ginsberg gab auch die ausgewählten Werke von Else Lasker-Schüler heraus). Dürrenmatt liebte Brechts

Liebesgedicht aus *Mahagonny (Siehst du die Kraniche ...)*, die Gedichte von Claudius, den Schlußchor am Ende des 3. Akts von *Faust II*: »Von hier ergaben sich Brücken zu seiner Vorliebe für den Sprachbarock Goethes in der *Pandora,* die er mir 1950 als Maturalektüre empfahl ... Später erfuhr ich durch Emil Staiger, daß Karl Kraus seinem Freund Horwitz diese Dichtung besonders nahebrachte, wodurch nun auch Dürrenmatt auf sie aufmerksam wurde. Sprache also als Kostüm, als sinnliche Qualität, als Wortmaterie, die der Bearbeitung ausgesetzt wird und nun eine autonome Pracht des Wortbaus vorweist, abgelöst von dem, was sie aussagt.« Auf den vierteiligen Chor aus *Faust II*, auf Trakls *Rondel* verweist denn auch ein Beitrag Dürrenmatts zu einer Anthologie bei Artemis mit dem Titel *Lieblingsgedichte.*

Auf Gattungen angesprochen, griff Dürrenmatt gern zum Vergleich mit sportlichen Disziplinen: die Romanciers seien die Lang-, die Dramatiker die Mittel-, die Lyriker die Kurzstreckenläufer oder die »Sprinter«. Er verachtete die Sprinter keineswegs, ihre Distanz war nicht »sein Fall«, wenn er sich auch immer nach ihrer Leichtigkeit und Schnelligkeit sehnte, nach dem *Gedichtband bei einer Mittagszigarre*, nach Gedichten, »die in ein zwei Minuten getan sind/ im Traum eines Tags (die Sonne stand hoch)/ Blitze, die irdische Finsternis erleuchten«.

Solche Blitze waren ihm die Gedichte Paul Celans. In *Turmbau,* dem zweiten Band der *Stoffe*, geht er so weit: »Gedichte wurden für mich erst wichtig, als ich in Paris Paul Celan kennenlernte.« Eine Freundschaft entstand, deren Basis der Respekt der beiden vor dem Gegensätzlichen im andern war, auf Dürrenmatts Seite sicher die Bewunderung für eine Kunst, in der »die Assoziationen gleichsam die Grammatik durchstießen« *(Neuenburger Rede)*. Bei ihm durchstießen die Unterströmungen des Berndeutschen die Oberfläche einer neuhochdeutschen normativen Grammatik. Im Nachlaß findet sich das Autograph eines von Celan am 2. August 1964 Lotti und Friedrich Dürrenmatt gewidmeten Gedichts, *Oberhalb Neuenburgs*.

Nicht daß in Dürrenmatts Gedichten direkt Reflexe von Celan auszumachen wären, so wenig wie Spuren Trakls, Heyms, der Lasker-Schüler oder Benns (den er, ungeachtet der sonst völlig verschiedenen Positionen, bewunderte). Aber wenn wir sagen können, Dürrenmatt sei grundsätzlich an anderem interessiert gewesen als an sich selbst, so gilt das auch für gegensätzliche ästhetische Haltungen – von Frisch bis Benn.

Wo das Ich seine Selbstverständlichkeit und Unfraglichkeit verloren hat, wo es, wie Dürrenmatt im Nachwort zum *Mitmacher* sagt, eine »Fiktion« geworden ist, da kann es auch nicht als oberste Instanz des lyrischen Gedichts sprechen, da liegt die Frage nahe, »wer denn zum Teufel da eigentlich schreibe«. Dennoch gibt es in diesem Buch ein paar erstaunliche Texte, in denen Dürrenmatt ganz als eigene Stimme anwesend ist, wie sonst nur noch in der großen späten Prosa – Stücke, in denen er die eigene Befindlichkeit zuläßt. Sogar einem Liebesgedicht begegnen wir (an dem die findigste Expertenrunde eines literarischen Rätselratens scheitern müßte).

»Es gibt Sätze, die stark machen/ doch brauchen sie nicht niedergeschrieben zu werden/ Löse deine Hand./ Es kommt nie auf die Sätze an. Nur das Werk allein zählt./ Die Narren kritisieren einen Satz/ Wenige sehen das Ganze.« Das ist die andere Seite dieser Gedichte. Auch wenn sie zu den »Blitzen« gehören, sind sie, im scharf beleuchteten Augenblick, Teil des Ganzen, verflochten in ein Werk, in welchem alles mit allem zusammenhängt. Noch im lapidaren *Blick durchs Fenster* dehnt sich der Raum vom Nächstliegenden über Vorder-, Mittel- und Hintergrund ins Unendliche, von der Gegenwart in die Vergangenheit: »Sterne dann, deren Licht alt ist/ Nur noch Vergangenes«. Der Gedanke beschäftigte Dürrenmatt noch in den *Stoffen:* »Gleichzeitigkeit sagt nichts aus. Das Ferne rückt erst mit der Zeit näher. Die Wirklichkeit weitet sich nur allmählich aus. Zwar geschieht nichts ohne den Hintergrund, wo die Ursachen dafür liegen, daß wir denken und schreiben, aber dieser Hintergrund ist gestaffelt wie eine Landschaft... Wir sind nicht von Vergangenheit umgeben, sondern von Vergangenheiten, von einer Welt von über- und durcheinandergewobenen Erinnerungsbildern.«

Noch deutlicher sind die Zusammenhänge mit dem Gesamtwerk in den reflektierenden Gedichten dieser Sammlung, auch in denen, die sich in der Reflexion mit der Sehnsucht nach dem reinen (also unreflektierten) Augenblick befassen (»O Leichtigkeit des Gedankens, der zum Verbrechen/ wird, wenn man Arbeit an ihn wendet!«). *Gott und Péguy,* formal ein »Selbstgespräch« wie der ein halbes Leben später geschriebene negative Gottesbeweis von 1985, behauptet die Ethik des Einzelnen gegen die Einvernahme Gottes durch den Staat oder nationalistische Ideologie (»als wenn es nicht allein auf jeden Einzelnen ankäme«), ein aus der Nachkriegserfahrung, der Kriegsnichterfahrung geschriebener Text. Wie *An Europa,* diese Bankrotterklärung des Abendlandes. *Wenn ich durch die Städte Deutschlands gehe* nimmt das schwierige Verhältnis des Schweizers zum nördlichen Nachbarn auf, die Spannung eines seine Sprache dem Schweizerdeutschen abringenden Autors zu den »Primussen der Menschheit«, ein Thema, das Dürrenmatt bis in die *Stoffe* hinein beschäftigen wird. Der Text ist eine Vorstufe zu *Schweizerpsalm I*, der wie die beiden nachfolgenden Stücke die Liebe und den Haß zum Ort »hinter dem Mond« ausdrückt.

Zuweilen klingt ein Brecht-Ton an, in *Wer die Erde wohnbar machen will*, oder in den Liedern aus *Frank V.* Auch die sind voller Anspielungen auf das eigene Werk (»im Kollektiv gefangen/ Vom Nächsten beschattet, den er selber bewacht«: da ist es wieder, das alte Motiv aus der frühen Prosa, das noch die Rede auf Václav Havel zum Skandal werden läßt), Anspielungen auch auf die Weltliteratur: *Wir sausen zu den Ahnen* ist ebenso eine Travestie auf Matthias Claudius *(Der Mond ist aufgegangen)* wie der Schluß des *Chors der Unsterblichen* aus der *Frist* eine auf den Schlußchor des zweiten Faust. Den schönen Abschied von Willy Birgel dürfen wir auch als Auftakt zu Dürrenmatts eigenem Abschied vom Theater lesen.

Ein erschöpfender Kommentar zu den Texten dieses Bandes ist hier nicht zu leisten. Er müßte, damit die Grenze zum Absurden überschreitend, mehr Raum beanspruchen als die Gedichte selbst, wie auch eine Interpretation der beiden aufgenommenen Balladen den Rahmen vollends sprengen müßte. Die von Midas wurde von Dürrenmatt aus *Midas oder Das zweite Leben* ausgeklammert, wie die 1991 bei Diogenes erschienene »Königstragödie« ursprünglich hieß (es sei hier auf den Nachweis der Herausgeber verwiesen). Die Ballade von Minotaurus entspricht dem 1985 publizierten Text. Beide Mythen betreffen das Zentrum von Dürrenmatts Werk, der eine u. a. das

Motiv vom Fluch der Gnade *(Grieche sucht Griechin,* vor allem aber das Fragment *Der Uhrenmacher,* wie es Dürrenmatt im Anhang zu *Ein Engel kommt nach Babylon* zusammenfaßt); der andere den vieldeutigen, vielschichtigen, selbst labyrinthischen Komplex des Labyrinths. So lesen wir die beiden Texte denn wie Sonden, wie tief unter das Fundament des Massivs Dürrenmatt reichende Bohrungen, an denen die Schichtung des Ganzen sichtbar wird. Hier sei uns der *Dramaturgische Rat* Befehl, der ohnehin mehr betrifft als die Dramaturgie: »Verzapf keinen Tiefsinn/ Füge dem Rätsel kein neues bei«.

Notiz

Der vorliegende Band enthält eine Auswahl der zum Teil unveröffentlichten Gedichte aus dem Nachlaß sowie der Songs und Gedichte aus den Stücken von Friedrich Dürrenmatt.

1942/43 gleichzeitig mit der frühen Prosa und den ersten Stükken begonnen und seither parallel zum dramatischen, Prosa- und essayistischen Werk entstanden, erschien Dürrenmatts Lyrik lange nur vereinzelt in Zeitungen und Zeitschriften. Die *Werkausgabe in dreißig Bänden*, 1980 in Zusammenarbeit mit dem Autor herausgegeben, brachte kaum mehr als ein gutes Dutzend Gedichte – zu wenig für einen eigenen Band und darum einzeln in die Essaybände eingestreut; Dürrenmatt ließ ihnen einzig noch die 1985 erschienene Ballade *Minotaurus* folgen.

Erst heute, nach Dürrenmatts Tod, wird das lyrische Werk in seiner Gesamtheit sichtbar und zugänglich. Über 60 Gedichte sind, auf Mappen, Ordner, Hefte, Notizbücher und Blindbände verteilt, im Schweizerischen Literaturarchiv in Bern verwahrt; dabei sind die von Dürrenmatt selbst aus den Stücken gezogenen und großenteils als Typoskripte vorliegenden Songs und Gedichte aus den Komödien, Hörspielen und Kabarett-Texten nicht mitgerechnet. Kleine Gelegenheits- und Gefälligkeitsgedichte sind ebenso vertreten wie die großen Balladen aus dem Spätwerk. Dürrenmatts erste lyrische Versuche gehen auf seine Studienzeit 1942/43 in Zürich und Bern zurück, das letzte im Literaturarchiv in Bern erhaltene Gedicht stammt aus dem Jahr 1988.

»1946 bin ich Schriftsteller geworden«, betonte Dürrenmatt, nach seinen literarischen Anfängen gefragt, in Interviews. Folgerichtig setzt die von ihm mitherausgegebene *Werkausgabe* bei den Dramen mit der 1945/46 geschriebenen und 1947 uraufgeführten Komödie *Es steht geschrieben* ein; das Prosawerk beginnt etwas früher (1942), wobei der Autor allerdings im Anhang einschränkend vermerkt, dieses sei »in der Anlage zwischen den Jahren 1942 und 1946 entstanden«; die ersten von Dürrenmatt in die *Werkausgabe* aufgenommenen Essays stammen von 1950, das früheste darin enthaltene datierte Gedicht ist von 1948.

Für die Herausgeber der vorliegenden *Ausgewählten Gedichte* in erster Linie bestimmend war der Rahmen, den Dürrenmatt selbst für die Herausgabe seiner Lyrik gesteckt hatte: einerseits durch die eigene strenge Auswahl seiner Gedichte für die *Werkausgabe* und die weitgefaßte Definition seiner Lyrik (zu der er, wie aus der Ordnung seines Nachlasses deutlich hervorgeht, auch die Songs und Gedichte aus den Stücken zählte), andererseits durch die genaue Datierung des Beginns seines schriftstellerischen Werkes. Die vorliegende Auswahl enthält daher im wesentlichen neben den Gedichten aus der *Werkausgabe* ausgewählte Songs und Gedichte aus den Stücken, vermehrt um eine Handvoll unveröffentlichter Gedichte aus den frühen fünfziger und siebziger Jahren, die beiden großen Balladen aus dem Spätwerk, *Minotaurus* und *Midas*, sowie die in *Kants Hoffnung* erschienenen Gedichte aus dem Nachlaß. Vom Autor in der *Werkausgabe* offenbar gewollte Gedichtfolgen und Sinnzusammenhänge wurden übernommen und die Gedichte aus dem Nachlaß analog nach Sinnzusammenhängen gegliedert.

Viele der Gedichte, auch der publizierten, sind entweder zweifelhaft oder gar nicht datiert. Die Herausgeber haben sich für diese Ausgabe darauf beschränkt, die Entstehungszeit bzw. das Datum der Niederschrift der aufgrund ihres unmittelbaren Kontextes ungefähr einzuordnenden undatierten Gedichte nachzutragen bzw. zu ergänzen; die Datierungen der bereits publizierten Gedichte wurden übernommen. (Eine vollumfängliche, genaue Datierung ist einer späteren, historisch-kritischen Ausgabe vorbehalten.)

Abgedruckt sind die Reinschriften der jeweiligen letzten Fassung bzw. die letzten Manuskriptfassungen. Die mit [ ] markierten Buchstaben und Wörter verweisen auf unsichere Textstellen.

Nachweis

Gott und Péguy (1948). Aus *Werkausgabe in dreißig Bänden*, herausgegeben in Zusammenarbeit mit dem Autor, Diogenes, Zürich, 1980 [im folgenden zitiert als *WA*], Band 27.

An Europa (undatiert, ca. 1945–54). Aus dem Nachlaß. Verschiedene handschriftliche Entwürfe und Fassungen. Abgedruckt ist die Reinschrift der letzten Fassung.

Wenn ich durch die Städte Deutschlands gehe (undatiert). Typoskript ohne Titel aus dem Nachlaß.

Schweizerpsalm I (1950). ›Hortulus‹, St. Gallen, Heft 48, 1960. Aus *WA*, Band 28.

Schweizerpsalm II (1950). Aus *WA*, Band 28.

Schweizerpsalm III (15. 1. 1971). Aus *WA*, Band 28.

Wer die Erde wohnbar machen will (1963). Aus *WA*, Band 24 (dort ohne Titel).

Wie Helden von Shakespeare [Titel v. Hrsg.]. Songs und Gedichte aus der Oper einer Privatbank *Frank der Fünfte* (›Wie Helden von Shakespeare‹ / ›Wir sausen zu den Ahnen‹ / ›Was wir schieben und erraffen‹ / ›Halunken mit Stil sind rar‹ / ›Ihr Fleisch und Blut‹ / ›Wie die Lage steht, in der wir liegen‹ / ›Abdankung‹) (1958/59/1964/1980). Aus *WA*, Band 6.

Ich habe ausgezeichnet gegessen. »Freß-Arie« des Johann Bokkelson von Leyden aus dem Drama *Es steht geschrieben* (1945/46/1947). Aus *WA*, Band 1. Sie wurde in der zwanzig Jahre später geschriebenen Komödienfassung des Wiedertäufer-Dramas (*Die Wiedertäufer*, 1966/67) auf wenige Verse verkürzt und bildet dort den Anfang des Monologs König Bockelsons auf dem Thron (Teil II, ›14. König Bockelson‹, *WA*, Band 10).

O Welt der Männer und der Morde. Chor der Unsterblichen aus der Komödie *Die Frist* (1975/76/Neufassung 1980). Aus *WA*, Band 15.

Midas (1983/84). Die Ballade geht zurück auf zwei Seiten der 8. Fassung (vom 14.5.1983) der 1991 bei Diogenes, Zürich, erschienenen »Königstragödie« *Midas oder Die schwarze Leinwand* (damals noch *Midas oder Das zweite Leben* betitelt). Die dort im Inhalt als »Ballade von Midas« aufgeführten Verse wurden am 6.4.1984 ausgeklammert, von Grund auf neu konzipiert und zum eigenständigen Text. Abgedruckt ist die Reinschrift vom 6. 4. 1984 unter Einbeziehung der Korrekturen des Autors bis zum 26. 4. 1984.

Für Willy Birgel (1974). Gedicht zum Gedenken des Schauspielers Willy Birgel von seinem Freund Friedrich Dürrenmatt. Gelesen von Wolfgang Stendar anläßlich der Gedenkfeier im Schauspielhaus Zürich am Freitag, dem 25. Januar 1974. Aus *Gesammelte Werke in sieben Bänden*, Band 7, Diogenes, Zürich 1988, erweiterte Neuausgabe 1991.

Dramaturgischer Rat (1961). Aus *WA*, Band 24.

An Varlin (undatiert). Frühere Fassungen mit dem Titel *An Oskar Kokoschka*. Aus *WA*, Band 26.

Gedichtband bei einer Mittagszigarre (1950). Aus *WA*, Band 26.

Vor uns hintastend, Liebes (undatiert, ca. 1970–74). Aus dem Nachlaß, ohne Titel. Abgedruckt ist die dritte und letzte handschriftliche Fassung.

Kronenhalle (undatiert; frühere Fassung mit dem Titel *Mein Tisch*, ca. 1942/43). Aus *WA*, Band 26.

Was soll an diesem Nachmittage (undatiert, ca. 1964/65). Aus dem Nachlaß, ohne Titel. Abgedruckt ist die zweite und letzte handschriftliche Fassung.

Vater mein, ein Riese steht im Wald (undatiert, ca. 1957). Aus dem Nachlaß, ohne Titel. Abgedruckt ist die sechste und letzte handschriftliche Fassung.

Meere (undatiert). Aus *WA*, Band 26.

Spielregeln (undatiert). Zuerst auch *Trost* überschrieben. Aus *WA*, Band 26.

Blick durchs Fenster (undatiert). Typoskript aus dem Nachlaß.

Antares (1958). Aus *WA*, Band 27.

Mond (1958). Aus *WA*, Band 27.

Siriusbegleiter (1958). Zuerst *Weißer Zwerg* überschrieben. Aus *WA*, Band 27.

Elektronische Hirne (1958). Aus *WA*, Band 27.

Ein Psalm Salomos, den Weltraumfahrern zu singen. Gedicht des Johann Wilhelm Möbius aus der Komödie *Die Physiker* (1961/Neufassung 1980). Aus *WA*, Band 7.

Lied (undatiert). In ersten Entwürfen zu der 1953 unter dem Titel *Ein Engel kommt nach Babylon* uraufgeführten Komödie noch als Lied des Bettlers Akki konzipiert. ›Die Tat‹, Zürich, 1. 8. 1959. Aus *WA*, Band 27.

Die Makamen des Bettlers Akki. Aus der fragmentarischen Komödie *Ein Engel kommt nach Babylon* (1953/Neufassung 1980). Aus *WA*, Band 4.

Das Unvermeidliche wartet (undatiert). Aus *WA*, Band 27.

Nur das Nichtige hat Bestand (undatiert). Aus dem Nachlaß, ohne Titel. Das Gedicht erschien zuerst unter dem Titel *Wütend* in *Kants Hoffnung. Zwei politische Reden und zwei Gedichte aus dem Nachlaß. Mit einem Essay von Walter Jens*, Diogenes, Zürich 1991 [im folgenden zitiert als *K*].

Ergreife die Feder müde (undatiert). Aus dem Nachlaß, ohne Titel. Aus *K*.

Der Menschen Ketten loszuketten. »Lied der Marxe«, geschrieben für die im Juni 1988 anläßlich der Schwetzinger Festspiele 1988 in der Regie des Autors uraufgeführte Komödie *Achterloo IV* (1988). Das Lied wurde während der Probearbeiten wieder gestrichen. Abgedruckt ist das Typoskript vom 4. 5. 1988.

Minotaurus (1984/85). Zuerst »Entwurf zu einem Ballett« überschrieben. Veröffentlicht unter dem Titel *Minotaurus. Eine Ballade. Mit Zeichnungen des Autors*, Diogenes, Zürich 1985.

[Detaillierter Quellennachweis im Schweizerischen Literaturarchiv in Bern deponiert.]

Die vorliegende Fassung basiert auf Materialien, welche sich im Schweizerischen Literaturarchiv in Bern, einer Institution der Schweizerischen Landesbibliothek und des Bundesamtes für Kultur, befinden. Verlag und Herausgeber danken dem Schweizerischen Literaturarchiv, insbesondere Herrn Dr. Thomas Feitknecht für den vorbehaltlos gewährten Zugang zum gesamten Dürrenmatt-Archiv und Herrn Ueli Weber für seine wichtigen Hinweise und die wertvolle Hilfe bei der Erstellung dieser Ausgabe.

Anmerkungen

Zu Seite 7: *Péguy, Charles* (1873–1914). Französischer Schriftsteller, übte als Begründer und Herausgeber der literarisch-politischen ›Cahiers de la Quinzaine‹ erheblichen Einfluß auf das geistige Frankreich am Vorabend des 1. Weltkriegs aus; ursprünglich Sozialist und Dreyfusist, entwickelte sich seit 1905 zum kompromißlosen Verfechter eines katholisch-mystischen Traditionalismus und Nationalismus; fiel in der Marne-Schlacht. Am Schluß des Typoskripts von *Gott und Péguy* findet sich der handschriftliche Vermerk: »Es wurde kurz nach dem Krieg in einer Schweizer Zeitung ein Gedicht Péguys veröffentlicht: ›Gott und Frankreich‹. Die Parodie bezieht sich auf dieses nationalistisch-religiöse Gedicht.«

Zu Seite 21: *Westmoreland, William Childs* (*1914). Amerikanischer General; 1964–68 Befehlshaber der Streitkräfte der USA in Süd-Vietnam, führte einen erfolglosen Zermürbungskrieg gegen den Vietcong (Bombardierung Nord-Vietnams); 1968–72 Stabschef des Heeres.

Zu Seite 22: *Napoleon Bonaparte* (1769–1821). Gemeint ist wahrscheinlich die Niederlage der Berner Truppen bei Fraubrunn und im Grauholz 1798.

Zu Seite 23: *Villard, Arthur* (*1917). Lehrer in Biel (Kanton Bern). Sozialistischer Politiker, 1971–1979 Nationalrat; selbst kein Armeegegner, verweigerte Anfang der sechziger Jahre aus Protest gegen die Verurteilung der ›Militärdienstverweigerer aus Gewissensgründen‹ selber den Wehrdienst, wurde wegen Anstiftung zur Dienstverweigerung zu einer unbedingten Gefängnisstrafe verurteilt. Dürrenmatt teilte bei der Verleihung des Großen Literaturpreises des Kantons Bern im Oktober 1969 die Preissumme zwischen Villard, Sergius Golowin und Ignaz Vogel auf.

Zu Seite 43: *Fibonacci, Leonardo* (auch bekannt u.d.N. Leonardo von Pisa und Leonardo Pisano; ca. 1170–ca. 1240). Italienischer Mathematiker und Kaufmann. Mit dem »Gesetz« Fibonaccis sind wahrscheinlich die im *Liber abaci* vorgestellten sog. ›Fibonacci-Zahlen‹ gemeint (Zahlen einer Zahlenfolge, in der jedes Folgenglied gleich der Summe der beiden jeweils vorangehenden Glieder ist, z.B. 3, 5, 8, 13, usw.).

Zu Seite 62: *Birgel, Willy* (1891–1973). Deutscher Schauspieler; ab 1959 am Schauspielhaus Zürich engagiert, spielte dort u.a. Koppe in *Der Meteor* (Uraufführung 1966), den Kardinal und Mathisson in *Die Wiedertäufer* (Uraufführung 1967) sowie Erdgeist/Wagner/Frosch/böser Geist im *Urfaust* (Uraufführung 1970) und zuletzt Jack in *Der Mitmacher* (Uraufführung 1973).

Seyferth, Wilfried (1908–1954). Deutscher Schauspieler und Regisseur, nach 1945 u.a. am Schauspielhaus Zürich und an den Münchner Kammerspielen tätig; spielte neben der Rolle des Mönchs in *Es steht geschrieben* (Uraufführung Zürich 1947) die des Saint-Claude in *Die Ehe des Herrn Mississippi* (Uraufführung München 1952).

Kalser, Erwin (1833–1958). Deutscher Schauspieler, emigrierte 1933 in die Schweiz, 1933–39 und

1946–52 als Schauspieler (und Spielleiter) am Stadttheater Basel und am Schauspielhaus Zürich engagiert; spielte den Bischof in der Uraufführung von *Es steht geschrieben* (Zürich 1947) und die Titelrolle in *Romulus der Große* (Zürich 1949).

Graf, Robert (1923–1966). Deutscher Schauspieler, 1951–66 an den Münchner Kammerspielen engagiert.

Teege, Joachim (1925–1969). Deutscher Schauspieler, spielte die Rolle des Einstein in *Die Physiker* (Frankfurt 1962).

Domin, Friedrich (1902–1961). Deutscher Schauspieler, spielte die Titelrolle in *Die Ehe des Herrn Mississippi* (Uraufführung Münchner Kammerspiele 1952).

Carlsen, Traute (1887–1968). Deutsche Schauspielerin, emigrierte 1933 über Wien in die Schweiz, Engagement am Schauspielhaus Zürich. Spielte als Achtzigjährige in *Die Wiedertäufer* die Rolle der alten Schauspielerin Roede (Uraufführung Zürich 1967); dazu Dürrenmatt im Anhang zu den *Wiedertäufern*: »Ich schrieb sie Traute Carlsen zu Ehren. Sie war eben 80 geworden, und es fand sich keine Rolle mehr für sie: also schrieb ich ihr eine. Sie freute sich sehr und ich mich um so mehr, weil sich darüber ein Kritiker ärgerte, den zu ärgern mir immer ein besonderes Vergnügen bereitete.«

Ginsberg, Ernst (1904–1964). Deutscher Schauspieler, Regisseur und Schriftsteller, emigrierte 1933 über Wien nach Zürich, spielte dort die Rolle des Übelohe in *Die Ehe des Herrn Mississippi* (Uraufführung 2. Fassung 1957 Schauspielhaus 1957); gleichzeitig Regisseur am Basler Stadttheater, wo er 1948 *Der Blinde* und 1949 *Romulus der*

Große zur Uraufführung brachte. Gilt zusammen mit Kurt Horwitz als Entdecker und Mentor Dürrenmatts; Herausgeber u.a. der ausgewählten Werke Else Lasker-Schülers, die er Dürrenmatt näherbrachte (siehe auch *Zum Tode Ernst Ginsbergs* (WA, Band 24) und das *Nachwort* von Peter Rüedi).

Steckel, Leonard (1901–1971). Deutscher Schauspieler, emigrierte 1933 nach Zürich, wo er seither immer wieder als Schauspieler und Regisseur wirkte. Führte bei der Uraufführung von *Herkules und der Stall des Augias* (Schauspielhaus 1966) Regie; spielte in *Der Meteor* (Uraufführung Schauspielhaus 1966) die Rolle des Schwitter, in der ihn Dürrenmatt 1965 malte. Starb bei einem Zugunglück.

Zu Seite 66: *Varlin* (eigentl. Willy Guggenheim; 1900–1977). Schweizer Maler, malte für die Schweizerische Landesausstellung 1964 in Lausanne das 240×531 cm große Wandbild ›Heilsarmee oder die Geistige Freude‹, das später die Rückwand von Dürrenmatts Arbeitszimmer einnahm, porträtierte mehrmals seinen Freund Dürrenmatt sowie ihren gemeinsamen Freund, den Schweizer Schriftsteller und Publizisten *Hugo Loetscher* (* 1929).

Zu Seite 72: *Zumsteg, Hulda* (1890–1984). Wirtin der ›Kronenhalle‹, Dürrenmatts Lieblingsrestaurant in Zürich.

Giehse, Therese (1898–1975). Deutsche Schauspielerin, 1925–33 und nach 1953 Ensemblemitglied der Kammerspiele München, emigrierte 1933 nach Zürich, spielte am Schauspielhaus die Titelrolle in *Der Besuch der alten Dame* (Uraufführung 1956), die Ottilie in *Frank v.* (Uraufführung 1959; ebenso in der Verfilmung 1967) und die verrückte Irrenärztin

Mathilde von Zahnd in *Die Physiker* (Uraufführung 1962).

Zu Seite 95: *Gody.* Unklarer Bezug. Allgemein wird ein Zusammenzug von Gott, Godot (dem erwarteten, aber nie auftretenden »Titelhelden« in Samuel Becketts Stück *Warten auf Godot)* und Gody Suter (u. a. langjähriger Feuilletonchef der Zürcher ›Weltwoche‹; 1919–1984) vermutet.

Inhalt